John Henry Kardinal Newman

# Apologie des Katholizismus

John Henry Kardinal Newman

# Apologie des Katholizismus

Fromm Verlag

## Imprint

Bibliographic information published by the Deutsche Nationalbibliothek: The Deutsche Nationalbibliothek lists this publication in the Deutsche Nationalbibliografie; detailed bibliographic data are available in the Internet at http://dnb.d-nb.de.



Publisher:
Fromm Verlag is an imprint of the publishing house
VDM Publishing House Ltd.,17 Rue Meldrum, Beau Bassin,1713-01 Mauritius
Website: www.frommverlag.de
Email: info@frommverlag.de

Published in 2011

Printed in: U.S.A., U.K., Germany. This book was not produced in Mauritius.

ISBN: 978-3-8416-0022-6

John Henry Kardinal Newman

# Apologie des Katholizismus

# Apologie des Katholizismus

Von John Henry Kardinal Newman

Von der Zeit an, da ich Katholik geworden war, habe ich natürlich keine weitere Geschichte meiner Anschauungen, die Religion betreffend, mehr zu erzählen. Damit will ich nicht sagen, daß mein Geist von jetzt an müßig gewesen wäre, oder daß ich es aufgegeben hätte, über Gegenstände der Theologie nachzudenken; nein, damit will ich nur sagen, daß ich von keiner Veränderung mehr zu berichten und keine Unruhe des Herzens, welcher Art immer, mehr gespürt habe. Ich habe von nun an in vollkommenem Frieden und in vollkommener Zufriedenheit gelebt. Ich habe keinen einzigen Zweifel empfunden. Ich war mir bei meiner Bekehrung nicht bewußt, anders zu denken und zu empfinden als früher; ich war mir keines stärkeren Glaubens an die Grundwahrheiten der Offenbarung bewußt, keiner größeren Selbstbeherrschung; ich hatte auch nicht mehr Begeisterung in mir und Glut, aber es war mir wie einem, der in einen Hafen einfährt nach stürmischer See; und mein inneres Glück ist in dieser Hinsicht bis zu diesem Tage ungetrübt geblieben.

Auch war es mir keineswegs schwer gefallen, alle jene Artikel anzunehmen, die sich nicht im anglikanischen Glaubensbekenntnis finden. An einige von ihnen hatte ich schon früher geglaubt; kein einziger wurde mir zur Versuchung. Ich habe bei meiner Aufnahme in die Kirche in bezug auf sie das Bekenntnis mit der größten Leichtigkeit abgelegt, und es ist mir auch späterhin immer leicht gefallen, sie zu glauben. Natürlich bin ich weit davon entfernt zu leugnen, daß jeder Artikel des christlichen Glaubensbekenntnisses, ob es sich nun um die katholische oder protestantische Form handelt, mit Schwierigkeiten des Intellektes gleichsam umgeben sei, und es ist nur eine Tatsache, wenn ich behaupte, daß ich für meinen Teil diese Schwierigkeiten keineswegs wegzuräumen vermöchte. Viele Menschen sind, was die Schwierigkeiten einer Religion anbelangt, sehr empfindlich; ich bin es nicht weniger; aber ich bin niemals imstande gewesen, einen Zusammenhang zu sehen zwischen einem, wenn auch noch so deutlichen Gewahrwerden dieser Schwierigkeiten und deren Vermehrung bis zum Äußersten einerseits und dem Zweifel an den Lehren, an welche sich jene Schwierigkeiten knüpfen, andererseits.

Zehntausend Schwierigkeiten machen noch keinen Zweifel, wie ich die Sache verstehe; Schwierigkeiten und Zweifel haben nichts miteinander gemeinsam. Es mag natürlich Schwierigkeiten in der Evidenz geben; aber ich spreche hier von den Schwierigkeiten, die den Lehren selber und deren Vereinbarkeit untereinander einwohnen. Es mag sich einer darüber ärgern, daß er ein mathematisches Problem nicht durchführen könne, von welchem die Lösung gegeben oder nicht gegeben ist, ohne daß er deshalb zu zweifeln brauche, daß eine Lösung überhaupt möglich oder eine ganz spezielle die einzig richtige sei. Von allen Glaubenspunkten ist jener, die Existenz Gottes betreffend, für mein Gefühl von den allergrößten Schwierigkeiten umgeben und dennoch unserem Geiste mit ungeheurer Macht aufgedrängt.

Die Leute sagen, daß die Lehre von der Transsubstantiation schwer zu glauben sei. Ich gestehe, daß ich selber daran nicht geglaubt habe, bevor ich Katholik geworden war. Ich habe von dem Augenblicke an keine Schwierigkeiten mehr im Glauben daran gefunden, da ich glaubte, daß die römisch-katholische Kirche die Stimme und der Mund Gottes sei und daß sie mit dieser Stimme und aus diesem Munde diese Lehre als einen Teil der ursprünglichen Offenbarung erkannt habe. Es ist schwer, es ist vielleicht unmöglich, sich so etwas vorzustellen, ich gebe das zu — aber warum soll es schwierig sein, daran zu glauben? Und doch hielt Macaulay diesen Glaubenssatz für so schwierig, daß er einen Gläubigen von so außerordentlichen Fähigkeiten wie Sir Thomas More nötig hatte, bevor er dahin gelangte, einzusehen, daß auch Katholiken eines aufgeklärten Zeitalters „der überwältigenden Kraft der Gegengründe" Widerstand zu leisten vermocht haben. „Sir Thomas More", sagte er, „ist ein seltenes Muster von Weisheit und Tugend; und die Lehre von der Transsubstantiation ist ein Prüfstein. Ein Glaube, der hier standhält, wird überall standhalten." Was mich betrifft, so kann ich es in der Tat nicht beweisen, ich bin außerstande zu sagen, wie es ist und vor sich geht; ich kann nur sagen: Warum soll es nicht so sein? Was steht dem im Wege? Was weiß ich von der Substanz oder Materie? Genau soviel wie die größten Philosophen, und das heißt soviel wie nichts; — und dies ist so sehr der Fall, daß sich eben in unseren Tagen eine philosophische Schule erhebt, welche das Phänomen als das allein Gegebene in der Naturwissenschaft ansieht. Die katholische Kirche läßt das Phänomen als solches auf sich beruhen. Sie lehrt nicht, daß die Phänomene vergehen; im Gegenteil, sie behauptet, daß sie bleiben; auch lehrt sie nicht, daß die gleichen Phänomene an mehreren Orten zugleich statthaben. Sie handelt davon, wovon niemand auf Erden auch nur das Allergeringste weiß: von den materiellen Substanzen selber. Und genau so verhält es sich mit jenem majestätischen Artikel des anglikanischen und des katholischen Glaubensbekenntnisses: mit der Lehre von der Dreieinigkeit in der Einheit. Was weiß ich vom innersten Gehalt des göttlichen Wesens? Ich weiß wohl, daß mein Begriff von Drei unvereinbar mit meinem von Eins sei; aber wenn ich nach der konkreten Tatsache selber frage, so habe ich kein Mittel, zu beweisen, daß Eins und Drei nicht zugleich von der geheimnisvollen, unnahbaren Gottheit in einem gewissen Sinne prädiziert werden können. Aber ich habe hier vor, die Verantwortung für mehr als das bloße Glaubensbekenntnis der Kirche auf mich zu nehmen, wozu mich ja die Ankläger auch zwingen. Diese sagen nämlich, daß ich jetzt als Katholik und, soweit ich Katholik bin, wenn ich mich auch nicht gegen Anklagen, die persönliche Ehrlichkeit betreffend, zu verantworten habe, zum mindesten für das Anstößige der andern, meiner Glaubensgenossen, meiner Brüderpriester, ja der Kirche selber, mitverantwortlich sei. Nun, ich bin durchaus willens, diese Verantwortung auf mich zu nehmen und, wie ich eben in der Lage war — so meine ich wenigstens —, mit Hilfe weniger Worte den Geistern aller derjenigen, die davon ausgehen, daß sie mir einfach nicht glauben, den Verdacht zu zerstreuen, mit welchem so viele Protestanten anfangen, so es gilt, sich ein Urteil über unsere Kirche zu bilden, den Verdacht nämlich, unser Glaubensbekenntnis sei in Aberglauben und in Heuchelei, der Erbsünde des Katholizismus, eingebettet — so will ich mich auch jetzt wie vorhin mit der Kirche identifizieren und für sie eintreten und gewiß nicht die riesige Last von Sünde und Unwissenheit leugnen, die notwendig in dieser weltweiten, vielgestaltigen Gemeinschaft existiert, sondern nur den Beweis dafür antreten, daß ihr System in gar keinem Sinne unehrlich sei und daß darum auch die Stützen und Lehren dieses Systems als solchen Anspruch darauf haben, für ihre Person von dieser gehässigen Anklage freigesprochen zu werden.

Indem ich nun mit der Existenz Gottes anhebe (welche Existenz, wie ich schon gesagt habe, für mich so gewiß ist wie die Gewißheit meiner eigenen, obwohl ich, aufgefordert, die Gründe für diese Gewißheit logisch klarzumachen, es durchaus schwierig fände, dies dem Gefühl und Ausdruck nach zu meiner Befriedigung zu tun), sehe ich aus mir heraus in die Welt der Menschen, da wird mir ein Anblick, der mich mit unsäglicher Trauer erfüllt. Denn die Welt scheint einfach jene große Wahrheit zu leugnen, von der mein ganzes Wesen voll ist, und die Wirkung davon ist für mich, wie es gar nicht anders sein kann, nicht weniger verwirrend, als wenn diese selbe Welt leugnete, daß ich selber existiere. Wenn ich in einen Spiegel blickte und darin plötzlich mein eigenes Gesicht nicht sähe, so würde mich dieselbe Empfindung überkommen wie jetzt, da ich diese lebendige, geschäftige Welt vor mir sehe und in ihr keinen Widerschein ihres Schöpfers finde. Dies ist für mich gewiß eine von den großen Schwierigkeiten dieser unbedingten ersten Wahrheit, von denen ich eben gesprochen habe, und wäre es nicht immer wieder diese Stimme, die also klar in meinem Gewissen und Herzen spricht, ich würde zum Atheisten oder Pantheisten oder Polytheisten werden beim Anblick dieser Menschenwelt. Ich spreche jetzt nur von mir selber, und ich bin weit davon entfernt, die wirkliche Kraft jener Gründe für den Beweis der Existenz Gottes zu leugnen, die aus der allgemeinen Tatsache der menschlichen Gesellschaft geholt werden müssen, aber diese Gründe wärmen und erleuchten mich nicht, sie heben nicht von mir den Winterfrost meiner Trostlosigkeit und machen nicht, daß in mir die Blüten aufbrechen und die Blätter sprossen und mein ganzes inneres Wesen sich erquicke. Der Anblick der Welt ist nichts anderes als die Rolle des Propheten voll „von Klagen, Trauer und Weh".

Sehen wir uns einmal die Welt der Länge und Breite nach an, ihre mannigfache Geschichte, die vielen Menschenrassen, deren Eintritt in die Geschichte, Schicksale und gegenseitige Entfremdung, deren Kämpfe und dann weiter deren Lebensbahnen, Gewohnheiten, Verwaltungen, deren Formen des Gottesdienstes, alle die Unternehmungen und Wege ohne Ziel, die zufälligen Erfolge und Errungenschaften, die kraftlosen Schlüsse aus lange anstehenden Tatsachen, die so schwachen und immer wieder unterbrochenen Zeichen eines beherrschenden Planes, die blinde Entwicklung von etwas, das sich später dann als große Macht oder große Wahrheit erweist, der Fortschritt der Dinge, als ginge dieser aus von vernunftlosen Elementen und entbehrte des Endzweckes, die Größe und Kleinheit des Menschen, seine weitreichenden Ziele, seine kurze Lebensdauer, der Vorhang, der über seine Zukunft gehängt ist, die Enttäuschungen des Lebens, die Niederlage des Guten, die Siege des Bösen, physische Schmerzen, die Vorherrschaft und Gewalt der Sünde, der alles durchdringende Aberglaube, die Verkommenheit, die schauerliche, hoffnungslose Irreligion, dieser Zustand des ganzen Menschengeschlechtes, der so furchtbar und doch so richtig vom Apostel beschrieben wurde: Er hat keine Hoffnung und ist ohne Gott in der Welt — alles das ist ein Gesicht, das uns zugleich verwirrt und erschüttert, ein Gesicht, das dem Geist die Ahnung aufdrängt eines tiefen, furchtbaren Geheimnisses, jenseits jeder Lösung durch Menschenverstand. Wie sollen wir uns zu dieser herzerschütternden und vernunftverwirrenden Tatsache äußern? Ich für meinen Teil kann nur antworten, daß es da entweder keinen Schöpfer gibt oder daß diese lebende Gesellschaft der Menschen im wahren Sinne Gottes Gegenwart entzogen ist. Wenn ich auf einen Knaben stieße von edler Körperbildung, von Geist, mit den Zeichen an ihm einer feineren Natur, in die Welt gestoßen, ohne daß für ihn dort gesorgt sei, außerstande zu sagen, woher er käme, welches sein Geburtsort oder seine Familie wäre, so würde ich wohl schließen müssen, daß da irgendein Geheimnis mit seiner Geschichte verbunden sei und daß er einer sei, dessen sich die Eltern, mit oder ohne Grund, schämten. Denn nur so wäre ich imstande, mir den Gegensatz zwischen dem, was seine Natur verspricht und dem, was sie ist, zu erklären. Und ebenso ziehe ich im Hinblick auf die Welt den Schluß: daß, wenn Gott ist oder da es nun einmal einen Gott gibt, das Menschengeschlecht in ein Schaudern erregendes Urschicksal eingeflochten sei. Es hat die Verbindung mit den Zielen und Absichten seines Schöpfers verloren. Das ist eine Tatsache, eine Tatsache so wahr wie die Existenz selber. Und so wird die Lehre davon, was die Theologie Erbsünde nennt, etwas fast so Gewisses wie jene, daß die Welt existiert oder daß Gott ist.

Angenommen, es sei der heilige und liebende Wille des Schöpfers, in diesen gesetzlosen Zustand der Dinge einzugreifen, welche, sollen wir meinen, werden die Methoden sein, die notwendig oder naturgemäß im Gegenstande Seiner Gnade eingeschlossen sind? Da sich nun einmal die Welt in einem so widergesetzlichen Zustand befindet, brauchte es mich keineswegs zu überraschen, wenn auch Sein Eingreifen notwendigerweise gleich außergesetzlich oder, was wir wunderbar nennen, wäre. Doch dieser Gegenstand liegt nicht unmittelbar im Bereiche meiner gegenwärtigen Bemerkungen. Wunder als Evidenz wollen begründet und erwiesen sein; ich denke aber jetzt natürlich an etwas, das sich nicht unmittelbar beweisen läßt. Ich frage mich eher, welcher Art der Gegenkämpfer von Angesicht zu Angesicht sein müßte, mit dessen Hilfe den ungezähmten Energien der Leidenschaft und dem allzersetzenden, auflösenden Skeptizismus des Verstandes in religiösen Fragen Widerstand zu leisten wäre und diese verscheucht werden könnten. Ich habe keineswegs die Absicht, zu leugnen, daß Wahrheit der eigentliche Gegenstand unserer Vernunft sei und daß, wenn diese

Vernunft zur Wahrheit nicht gelangt, entweder die Voraussetzungen oder die Schlüsse falsch sein müssen, aber ich spreche hier nicht von der reinen Vernunft, sondern von jener, wie sie faktisch und konkret im gefallenen Menschen wirksam ist. Ich weiß, daß schon die Vernunft allein ohne fremde Hilfe, wenn sie nur richtig gebraucht wird, zum Glauben an Gott, zum Glauben an die Unsterblichkeit der Seele und an die zukünftige Wiedervergeltung führt, aber ich sehe die Sache hier historisch und so an, wie sie wirklich ist, und aus diesem Gesichtspunkt nun glaube ich nicht unrecht zu haben, wenn ich behaupte, daß ihre Richtung heute und jetzt einfach im Unglauben und in nichts anderem liegt. Keine Wahrheit, wie heilig diese immer sei, kann ihr auf die Dauer widerstehen, und daher kam es auch, daß in der Welt der Heiden, da unser Herr erschien, die letzten Spuren einer religiösen Erkenntnis aus früheren Zeiten eben im Verschwinden waren aus denjenigen Teilen der Welt, in denen der menschliche Intellekt sich betätigt und in seiner Betätigung Erfolg gehabt hatte.

Heute ist es nicht anders, auch jetzt in diesen späten Tagen strebt in gleicher Weise alles, was außerhalb der katholischen Kirche ist, mit einer bei weitem größeren Geschwindigkeit als in jenen alten Tagen, dank dem Fortschritt, dem Atheismus in dieser oder jener Form zu. Welches Schauspiel, welchen Ausblick bietet nicht ganz Europa heute dem geistigen Auge dar! Und nicht nur

Europa, sondern jede Regierung und Zivilisation über die ganze Erde hinweg, soweit diese unter dem Einfluß des europäischen Geistes steht. Vor allem, das geht uns mehr an als die anderen, wie traurig ist in Hinsicht auf die Religion, diese selbst in ihrer elementarsten, einfachsten Form genommen, nicht das Schauspiel, das uns der Intellekt der Gebildeten in England, Frankreich und Deutschland gibt! Männer, die ihr Land und ihre Rasse geliebt haben, tiefreligiöse Menschen außerhalb der katholischen Kirche haben verschiedene Mittel versucht, sich der unbändigen, eigenwilligen Menschennatur, während diese wild dahinraste, entgegenzustemmen und sie ins Joch der Unterwerfung zu zwingen. Die Notwendigkeit irgendeiner Form von Religion ist, als im Interesse der Menschheit selber gelegen, allgemein anerkannt worden. Aber wo ist der sichtbare Vertreter unsichtbarer Dinge zu suchen, der die Kraft und Zähigkeit besäße, daß sich daran die Flut bräche?! Vor drei Jahrhunderten wurde in den Ländern, die sich von der katholischen Kirche lossagten, eine Religionsverfassung, den Gegenstand der Religion, deren Gesetze und soziale Bestimmungen begreifend, als das beste Mittel zum Zweck allgemein angenommen; für eine lange Zeit hatte sie auch Erfolg, jetzt aber lassen die Risse und Spalten dieser Verfassung den Feind durch. Vor dreißig Jahren wurde alles Gewicht auf die Erziehung gelegt; vor zehn Jahren war Hoffnung, daß unter der Wirkung der großen Handelsunternehmungen und der nützlichen und schönen Künste alle Kriege aufhören würden, aber hat einer trotz allem wirklich den Mut, zu behaupten, daß es auf dieser Erde irgendwo irgend etwas gebe, das uns als Stützpunkt dienen könnte, wenn es gilt, die Welt in ihrem Dahinstürmen aufzuhalten?

Das Urteil, welches die Erfahrung über religiöse Satzungen oder über Erziehung fällt als Mittel, die religiösen Wahrheiten in dieser anarchischen Welt aufrecht zu erhalten, muß sich gewiß sogar auf die Heilige Schrift erstrecken, wenn auch diese göttlichen Ursprungs ist. Die Erfahrung beweist unzweifelhaft, daß die Heilige Schrift nicht für etwas da ist, wofür sie nicht geplant worden war. Sie mag zufällig dann und wann als Mittel dienen, einzelne Individuen zu bekehren; aber wie die Dinge nun einmal liegen, ein Buch allein kann sich nicht gegen den schonungslosen Verstand des Menschen behaupten, und gerade heute beginnt es in seiner Struktur und in seinem Inhalt die Kraft jenes universalsten Auflösungsmittels an sich selber zu spüren, welches mit so viel Erfolg auf Religionsverfassungen angewendet wird.

Nehmen wir nun an, es sei der Wille des Schöpfers, in die menschlichen Verhältnisse einzugreifen und dafür Vorsorge zu treffen, daß in der Welt ein Wissen und eine Erkenntnis Seiner selbst erhalten bleibe, eine Erkenntnis, so bestimmt und so deutlich, daß sie gegen den Angriff des menschlichen Skeptizismus gesichert sei, in diesem Falle — ich bin weit entfernt davon, zu behaupten, daß es kein anderes Mittel gegeben habe — braucht es den Menschengeist keineswegs zu überraschen, wenn Er es für richtig gehalten hat, in der Welt eine Gewalt einzusetzen, die mit dem Prärogative der Unfehlbarkeit in Sachen der Religion bekleidet ist. Eine solche Gabe wäre ein Mittel, direkt, unmittelbar, wirksam und flink, die Schwierigkeiten zu überwinden; es würde ein der Not angepaßtes Werkzeug sein; und wenn ich nun finde, daß gerade dies es ist, was die katholische Kirche für sich in Anspruch nimmt, so sehe ich in dieser Vorstellung nicht nur keine Schwierigkeit, sondern ich sehe in ihr sogar eine Zweckmäßigkeit, wodurch es sich meinem Geiste empfiehlt. Und so bin ich nun dazu gebracht worden, von der Unfehlbarkeit der Kirche * zu sprechen als von einem Mittel, welches dank der Gnade des Schöpfers wohl dazu geeignet ist, die Religion in der Welt aufrecht zu erhalten und jene Freiheit des Gedankens, die an und für sich gewiß eine der guten unter den natürlichen Gaben des Menschen ist, einzuschränken und vor ihren eigenen, selbstmörderischen Ausschweifungen in Schutz zu nehmen. Lassen Sie mich auf der Stelle bemerken, daß ich weder hier noch im folgenden Gelegenheit haben werde, unmittelbar von dem

* nicht der des Papstes; die Apologia ist 1864 erschienen; das Vaticanum 1870. A. d. Ü.

geoffenbarten Ganzen der Wahrheiten zu sprechen, sondern davon nur insoweit, als diese zum Schutz und zur Verteidigung der natürlichen Religion dienen. Ich behaupte also, daß eine Macht, welche Unfehlbarkeit in religiösen Fragen besitzt, sich sehr glücklich zu einem wirksamen Werkzeug eignet, wenn es im Laufe der menschlichen Angelegenheiten einmal notwendig ist, die maßlose Energie des aggressiven Intellektes wie mit einem Hiebe zu treffen und in seine Grenzen zurückzuwerfen; und indem ich dies behaupte, darf, wie auch bei den andern Dingen, die mir noch zu sagen bleiben, nicht vergessen werden, daß ich niemals mein Hauptziel aus dem Auge verliere: die Verteidigung meiner selbst.

Ich verteidige mich hier ja gegen die übliche Anklage, die gegen die Katholiken vorgebracht wird, wie man das besser sehen wird, wenn ich fortfahre. Die Anklage lautet, daß ich als Katholik mich nicht nur zu Lehren bekenne, die ich in meinem Herzen unmöglich für wahr halten könne, sondern daß ich auch an das Bestehen einer Macht auf Erden glaube, welche kraft ihrer Unfehlbarkeit aus eigenem Willen den Menschen irgendeine beliebige Anzahl von Glaubensartikeln auferlegt, wenn immer es ihr so paßt, daß infolge davon, weiter, meine Gedanken nicht mehr mein Eigentum seien, daß ich außerstande sei zu sagen, ob ich nicht morgen das, was ich heute für richtig halte, aufzugeben haben werde und daß die natürliche Folge eines solchen Geisteszustandes erniedrigende Knechtschaft sein müsse oder ein bitterer, innerer, in heimlichen Unglauben sich entladender Aufruhr oder die Notwendigkeit, den wahren Gegenstand der Religion in einer Art von Widerwillen zu ignorieren und das, was die Kirche vorsagt, mechanisch nachzusagen und die Verantwortung dafür und Verteidigung den andern zu überlassen. Und wie ich eben von dem Verhältnis meines Geistes zum katholischen Glaubensbekenntnis gesprochen habe, so werde ich jetzt von der Haltung sprechen, die dieser der Unfehlbarkeit der Kirche gegenüber einnimmt.

Zunächst, die erste Doktrin des unfehlbaren Lehrers muß ein mit lauter Stimme erhobener Protest gegen den bestehenden Zustand des Menschengeschlechtes sein. Der Mensch hatte sich gegen seinen Schöpfer empört. Das war es, was die göttliche Vermittlung bewirkte; und die erste Handlung des von Gott beglaubigten Boten muß sein, daß er dies laut ausspreche und verkündige. Die Kirche muß darum die Empörung als das allergrößte unter den Übeln an den Pranger stellen. Sie darf der Empörung keine Bedingungen stellen; wenn sie ihrem Meister im Wort bleiben will, muß sie diese in Bann tun und verfluchen. Das ist auch der Sinn einer Behauptung, welche der Gegenstand einer jener Hauptanklagen gegen mich geworden ist, auf die ich jetzt erwidere. Ich habe mich trotzdem keines Verfehlens anzuklagen, ich habe nichts zurückzunehmen, darum wiederhole ich es an diesem Orte mit voller

Überlegung. Ich habe gesagt: „Die katholische Kirche ist der Ansicht, daß es besser sei, wenn Sonne und Mond vom Himmel stürzten und die Erde aus der Bahn geriete und Millionen von Menschen an Hunger im schrecklichsten Todeskampfe, soweit als überhaupt zeitliches Unglück reicht, stürben, als daß auch nur eine einzige Seele, ich sage nicht, verloren gehe, sondern eine läßliche Sünde begehe, absichtlich die Unwahrheit sage oder einen erbärmlichen Pfennig ohne Entschuldigung stehle." Meiner Ansicht nach ist dieses Prinzip nicht mehr als der bloße Eingang zu der formellen Beglaubigungsurkunde der katholischen Kirche, gleichwie etwa ein Parlamentsakt beginnt mit „insoweit als". Es ist einzig und allein wegen der übergroßen Gewalt der Sünde, die von der Menschheit Besitz ergriffen hat, daß für einen geeigneten Gegenkämpfer Vorsorge getroffen wurde; und die erste Tat dieser göttlich-befugten Macht wird natürlich die sein, den Feind herauszufordern und ihm den Frieden zu kündigen. Ein solcher Eingang gibt ihrer Stellung in der Welt einen Sinn und der ganzen Richtung ihrer Lehre und ihrer Handlungen Bedeutung.

In gleicher Weise hat sie je und je mit eindringlicher Deutlichkeit jene anderen großen elementaren Wahrheiten verkündigt, die entweder eine Erklärung ihrer Mission sind oder ihrem Werke Charakter verleihen. Sie lehrt nicht, daß die menschliche Natur unwiderruflich verloren sei;

wozu sollte sie selber sonst in die Welt gesandt sein? Sie lehrt auch nicht, daß die Natur zerschlagen und das Oberste zu unterst gekehrt werden müßte, sondern daß das Übel entwurzelt, die Natur gereinigt und wiederhergestellt werden müsse; sie lehrt nicht, daß die menschliche Natur nur ein bloßer Haufen von Übel und Sünde sei, vielmehr lehrt sie, daß dieser große Dinge verheißen worden seien und daß die Natur selbst jetzt noch eine nur ihr eigene Tugend und Kostbarkeit besitze. Aber gleich daneben weiß und verkündigt sie, daß eine solche Wiederherstellung, die sie in der Menschennatur anstrebt, nicht einfach nur durch Predigt und Lehre erreicht werden könne, auch nicht durch ihre eigene, sondern nur durch eine ganz bestimmte geistige Gewalt oder Gnade, die ihr unmittelbar von oben mitgeteilt ist, und die sie hienieden in Verwahrung hält. Sie hat die Aufgabe, die menschliche Natur von ihrem Elend zu retten, nicht einfach nur dadurch, daß diese zu sich selber emporgehoben, sondern daß sie über sich selber hinausgehoben werde. Sie anerkennt in ihr einen wirklichen inneren, wenn auch erniedrigten Adel, aber sie vermag diesen nur dadurch vom Irdischen loszulösen, daß sie die Natur bis zum Himmel emporhebt. Und es ist zu diesem Zwecke geschehen, daß ihr eine erneuernde Gnade in die Hand gelegt wurde, und daher, weil es in der Natur dieser Gnade selber liegt und auch nicht anders eingesehen werden kann, läßt sie davon nicht ab, immer und immer wieder darauf zu bestehen, daß jede wahre Bekehrung bei den ersten Quellen des Gedankens beginnen müsse, läßt sie davon nicht ab zu lehren, daß jeder einzelne Mensch in seiner eigenen Person ein einziger ganzer und vollkommener Tempel Gottes sein müsse, während er zugleich auch einer von den lebendigen Steinen ist, die da alle zusammen aufbauen die sichtbare religiöse Gemeinschaft. Und so sind die Unterscheidungen zwischen Natur und Gnade, zwischen innerer und äußerer Religion zwei weitere Artikel in dem geworden, was ich als den Eingang zu ihrer göttlichen Mission bezeichnet habe.

Solche Wahrheiten wie diese wiederholt sie immer wieder mit starker Stimme und treibt sie sehr eindringlich der Menschheit ein; hier kennt sie keine halben Maßregeln, keinen Vorbehalt aus Gründen der Ökonomie, keine Zurückhaltung und keine Klugheit. Ihr müßt wiedergeboren werden, so lauten die einfachen, direkten Worte, die sie nach ihrem göttlichen Meister gebraucht. Eure ganze Natur muß erneuert werden; eure Leidenschaften, eure Neigungen, eure Ziele, euer Gewissen und euer Willen und nicht zuletzt auch euer Geist müssen in ein neues Element getaucht und dem Schöpfer von neuem geweiht werden. Es war darum, weil ich diesen Punkt der Lehre auf meine eigene Weise wiederholt habe, daß gewisse Stellen aus einem meiner Bände unter die allgemeine Anklage gebracht wurden, die gegen meine religiösen Ansichten erhoben worden sind. Der Verfasser der Anklage sagte, daß ich wahnsinnig wäre, wenn ich glaubte, und prinzipienlos, wenn ich wiederum nicht an das glaubte, was ich behauptet habe, daß nämlich ein faules, zerlumptes, schmutziges, schwatzhaftes Zigeunerweib, wenn es nur sonst keusch, guten Willens und gläubig sei, mehr Aussicht auf den Himmel habe als etwa ein vollendeter Staatsmann oder ein Gesetzgeber oder ein Adeliger, möchten diese auch noch so anständig, edel, ehrenwert und gewissenhaft sein, es sei denn, daß auch sie einen Anteil an der göttlichen Gnade haben. Und doch sollte ich mich hier gegen jede Kritik verteidigt fühlen durch die Worte, die unser Herr zu den Hohenpriestern sprach: Die Schankwirte und Huren werden in das Himmelreich eingehen vor euch. Und noch eine zweites Mal hatte ich zwischen Wahnsinn und Prinzipienlosigkeit zu wählen, da ich gewagt hatte zu behaupten, daß in einen unkeuschen Wunsch einwilligen unvergleichlich verruchter sei als eine Lüge, wenn wir einmal von den Gründen, Motiven und Folgen absehen; denn eine Lüge, unter diesen Einschränkungen angesehen, ist nur eine zufällige Äußerung, eine, man möchte sagen, äußerliche Handlung, nicht aus dem Herzen entstanden, wie schändlich sie auch immer sei, während wir doch die deutlichen Worte unseres Herrn haben, daß, wer ein Weib ansieht, um seiner zu begehren, hat schon

Ehebruch begangen mit ihm in seinem Herzen. Indem ich mich auf diesen Text stütze, habe ich ein ebenso großes Recht, an die Richtigkeit dieser Lehre zu glauben, wie an die Lehre von der Erbsünde, wie daran, daß es eine übernatürliche Offenbarung gebe, oder daß die göttliche Person für uns gelitten habe, oder daß die Strafe ewig dauere.

Indem ich nun von dem, was ich den Eingang nenne zu jener Gewähr von Macht, mit der die Kirche bekleidet ist, übergehe zu der Macht selber, zur Unfehlbarkeit, will ich zwei kurze Bemerkungen vorausschicken: Erstens die, daß ich hier nichts über den wesentlichen Sitz dieser Macht zu entscheiden habe, weil dies eine Frage der Doktrin und keine historische oder praktische ist, und zweitens die, daß ich den unmittelbaren Gegenstand, über welchen dieser Macht die Gerichtsbarkeit zusteht, nicht über die religiöse Meinung hinaus ausdehne. Und nun zu der Macht selber.

Diese Macht, in ihrer Fülle angesehen, ist ebenso schreckenerregend wie das gigantische Übel, welches sie hervorgerufen hat. Sie erhebt, wenn sie auf gesetzliche Weise ausgeübt wird, denn sonst ist sie natürlich nur in einem Zustand des Schlummers, Anspruch darauf, in sich selber eine sichere Führung in den Sinn und die Bedeutung jedes Teiles der göttlichen Botschaft zu besitzen, wie diese von unserem Herrn Seinen Aposteln übertragen worden ist. Sie erhebt Anspruch darauf, selber ihre eigene Grenze zu kennen und zu wissen, was sie absolut entscheiden könne und was nicht. Sie erhebt, fernerhin, Anspruch darauf, auch an solche Behauptungen Hand anlegen zu dürfen, die sich nicht unmittelbar auf die Religion beziehen, das heißt hier: entscheiden zu dürfen, ob diese sich nicht doch indirekt auf die Religion beziehen, und entsprechend ihrem eigenen definitiven Urteil dann zu erklären, ob solche Behauptungen im einzelnen Falle mit der geoffenbarten Wahrheit vereinbar wären oder nicht. Sie erhebt, kraft ihres höchsten Lehramtes, unfehlbar oder nicht, Anspruch darauf zu entscheiden, ob diese oder jene Behauptung durch ihren Geist oder in ihren Folgen mit dem apostolischen Depositum des Glaubens verträglich sei oder nicht, und diese dementsprechend zu erlauben oder zu verdammen oder zu verbieten. Sie erhebt Anspruch darauf, nach eigenem Ermessen Schweigen zu gebieten in allen Sachen und Streitfragen der Doktrin, welche sie auf Grund ihres eigenen ipse dixit für gefährlich oder unangemessen oder ungelegen erklärt. Sie fordert, daß, wie immer das Urteil von Katholiken über solche Handlungen laute, ihre Akte von diesen mit jenen äußeren Zeichen von Verehrung, Ergebenheit und Unterwerfung entgegengenommen werden sollten, wie sie die Engländer z.B. der Anwesenheit ihres Herrschers zollen, ohne öffentliche Kritik daran, weil eine solche der Sache nach nur unförderlich und in der Art und Weise unverbindlich oder peinlich sein könnte.

Endlich erhebt sie Anspruch auf das Recht, über alle jene geistliche Strafen zu verhängen, alle jene von den vorhandenen Zuflüssen und Quellen des göttlichen Lebens abschneiden zu dürfen, die da sich weigern, ihren formellen Erklärungen sich zu unterwerfen. So beschaffen ist die der Kirche innewohnende Unfehlbarkeit, wenn wir sie so sehen, wie sie wirklich ist, bekleidet gleichsam und geschmückt mit den Zeichen ihrer hohen Souveränität: Sie ist, um zu wiederholen, was ich schon gesagt habe, eine überirdische, wunderbare Macht, auf die Erde gesandt, um dem gigantischen Bösen entgegenzutreten und es zu bändigen.

Nachdem ich sie also beschrieben habe, erkläre ich meine eigene, bedingungslose Unterwerfung unter diese genannten Ansprüche. Ich glaube an das ganze geoffenbarte Dogma, wie es von den Aposteln gelehrt, von diesen der Kirche überliefert und von der Kirche mir erklärt wurde. Ich nehme es genau so in mir auf, wie es unfehlbar von jener Autorität, der es also überliefert worden ist, interpretiert wird und (was darin enthalten ist) wie es in gleicher Weise von derselben Autorität fernerhin interpretiert werden wird bis an das Ende aller Zeiten. Ja, noch mehr, ich unterwerfe mich den allgemein angenommenen Traditionen der Kirche, in welchen der Gegenstand und Stoff zu jenen neuen dogmatischen Bestimmungen enthalten ist, welche von Zeit zu Zeit gegeben werden und für alle Zeiten nur das Gewand und die Erläuterung jenes katholischen Dogmas sind, wie dieses schon definiert worden ist. Und ich unterwerfe mich, weiter, auch den anderen Entscheidungen des Heiligen Stuhles, die Theologie betreffend oder nicht, getroffen durch jene Organe, welche er selber bestimmt hat, welche Entscheidungen, ohne Rücksicht auf die Frage der Unfehlbarkeit, nur auf die am nächsten liegenden Gründe gestützt, an mich herantreten mit dem Anspruch auf Annahme und Gehorsam. Auch halte ich dafür, daß stufenweise die katholische Forschung eine ganz bestimmte Gestalt angenommen und sich in die Form einer Wissenschaft gekleidet habe, mit einer eigenen Methode und Ideologie unter Führung großer Geister wie des heiligen Athanasius, des heiligen Augustinus und des heiligen Thomas; und ich fühle durchaus keine Versuchung, dieses große Erbe des Geistes, das uns also für diese späten Tage vermacht worden ist, in Stücke zu zerreißen und zu verschleudern.

Alles dies ist als ein Bekenntnis ex animo meinerseits sowohl als auch von seiten der katholischen Körperschaft, soweit ich diese kenne, anzusehen, gut; nun wird mir sofort entgegnet werden, daß auf diese Weise der rastlose Intellekt der gewöhnlichen Menschen durchaus niedergehalten, ja, daß jede unabhängige Anstrengung und Tat, welcher Art immer, direkt unterdrückt werde, so zwar, daß, wenn dies die Methode, ihn in Ordnung zu halten, sein soll, er nur in Ordnung gebracht wird, um vernichtet zu werden. Aber dies ist ganz und gar nicht die Folge, dies ist sehr weit entfernt von dem, was ich unter der Absicht der höheren Vorsehung verstehe, als welche mit einem großen Heilmittel gegen ein großes Übel Vorsorge getroffen hat, es ist endlich auch weit entfernt davon, durch die Geschichte des Konfliktes zwischen Unfehlbarkeit und Vernunft in der Vergangenheit und dessen Aussicht in der Zukunft erwiesen zu sein. Die Energie des menschlichen Verstandes wächst mit dem Widerstand, sie gedeiht und fühlt sich in ihrer zähen elastischen Stärke wohl unter den furchtbaren Schlägen der gottgeschmiedeten Waffe und ist niemals so sie selber, als in dem Augenblick, da sie niedergeworfen ist. Die protestantischen Schriftsteller haben die Gewohnheit, die Sache so anzusehen, als ob, soweit es sich um den Kampf der zwei großen Prinzipien in der Geschichte der Religion, um den Kampf zwischen Autorität und Privaturteil handelt, sie, die Protestanten, das Privaturteil auf ihrer Seite hätten und wir die ganze Erbschaft und den ganzen Druck der Autorität. Aber das ist falsch; die ganze umfassende katholische Körperschaft und sie allein bietet ewig den Kampfplatz dar für die beiden Streiter in diesem furchtbaren, nie endenden Zweikampf. Es ist notwendig für die Existenz der Religion, so wir diese in ihrem großen Wirken und ihren Geschicken überblicken, daß dieser Krieg ununterbrochen andauere. Jeder Akt der Unfehlbarkeit wird hervorgerufen durch eine kraftvolle und vielfach erneuerte Operation der Vernunft und fordert seinerseits wiederum eine Reaktion der Vernunft dagegen heraus. Und gleichwie der Staat von der Rivalität und dem Zusammenstoß der konstituierenden Parteien, deren Übergriffen und Niederlagen lebt und dauert, so ist in gleicher Weise die katholische Christenheit keineswegs die einfache Schaustellung eines religiösen Absolutismus, sondern gewährt uns das Bild, wie ohne Unterbrechung die Autorität und das Privaturteil abwechselnd vorstoßen und zurückweichen gleich Ebbe und Flut; es ist eine ungeheure Ansammlung von menschlichem Wesen mit eigenwilligem Verstand und ungezähmten Leidenschaften, zusammengeschweißt durch die Schönheit und Majestät einer übermenschlichen Kraft, vereinigt in etwas, was wir ein großes Reformatorium oder eine Erziehungsanstalt nennen mögen, nicht um ins Bett geschickt oder lebendig begraben zu werden, sondern damit — um ein anderes Bild zu gebrauchen — dieses so ausgezeichnete, so sehr gefährdete, für göttliche Zwecke so geeignete Rohmaterial in einer, wenn ich so sagen darf, großen moralischen Fabrik eingeschmolzen, geläutert und umgegossen werde.

Der heilige Paulus sagt an einer Stelle, daß die apostolische Gewalt ihm zur Erbauung und nicht zur Zerstörung verliehen worden sei. Es gibt keine bessere Rechtfertigung der Unfehlbarkeit.

Sie ist ein Mittel in der Not, und sie geht nicht über die Not hinaus. Es ist weder ihre Absicht, noch auch ihre Wirkung, die Freiheit oder Kraft des menschlichen Gedankens in der religiösen Spekulation zu schwächen, vielmehr die, ihm in seinen Ausschweifungen Widerstand zu leisten und ihn zu überwachen. Was sind bisher ihre größten Taten gewesen? Alle in einer ganz bestimmten Abteilung der Theologie: niederzuhalten den Arianismus, Eutychianismus, Pelagianismus, Manichäismus, Lutheranismus, Jansenismus. Das war ihr Erfolg im Großen in der Vergangenheit, und jetzt kommen wir zu den Sicherheiten, die uns dafür gegeben sind, daß sie immer so vorgehen werde in den Zeiten, die kommen.

Zunächst, die Unfehlbarkeit darf nicht außerhalb eines ganz bestimmten Gedankenkreises vorgehen, und sie muß sich in allen Entschließungen oder, wie diese genannt werden, Definitionen, dazu bekennen, innerhalb dieses Kreises zu bleiben. Die großen Wahrheiten des Moralgesetzes, der natürlichen Religion und des apostolischen Glaubens sind sowohl ihre Grenze wie ihre Grundlage. Sie darf nicht darüber hinausgehen und muß sich stets darauf berufen. Sowohl ihr Gegenstand wie auch die Artikel ihres Gegenstandes sind gegeben. So, um mich deutlich zu machen, geht sie nicht bis zu Behauptungen, wie richtig und evident diese immer sein mögen, welche nur logische Schlüsse aus den Artikeln des apostolischen Depositums sind. Dann wiederum darf sie nichts über die Person von Heretikern aussagen, deren Werke innerhalb ihres gesetzlich zugestandenen Bezirkes fallen. Sie muß sich ewig dazu bekennen, von der Heiligen Schrift und von der Überlieferung geleitet zu sein. Sie muß sich auf jene bestimmte apostolische Wahrheit beziehen, die sie eben bekräftigt oder, wie es heißt, definiert. Nichts also kann mir in der Zukunft als Glaubenssatz vorgelegt werden, was ich nicht schon selber hätte annehmen sollen oder wirklich angenommen habe; wenn ich es nicht getan habe, so war es nur darum, weil man es mich noch nicht gelehrt hat. Nichts kann mir aufgedrungen werden, was in der Art von dem verschieden wäre, woran ich jetzt schon glaube; viel weniger etwas, was diesem widerspricht; die neue Wahrheit, die jetzt verbreitet wird, wenn sie überhaupt neu genannt werden darf, muß zum mindesten der alten homogen, ihr verwandt und in ihr irgendwie schon enthalten sein. Es muß so sein, daß ich selber auf die Tatsache, daß sie eigentlich schon in der Offenbarung eingeschlossen sei, geraten hätte und dies hätte wünschen müssen; und sie wird zum mindesten von der Art und Beschaffenheit sein, daß meine Gedanken gerne in ihr sich vereinigen oder verschmelzen von dem Augenblick an, da ich sie vernahm. Vielleicht haben ich und andere schon immer daran geglaubt, und die einzige Frage, die jetzt zu meinen Gunsten entschieden wird, ist die, daß ich von nun an glauben müsse, daß ich das für wahr gehalten habe, was die Apostel vor mir geglaubt haben.

Nehmen wir die Lehre, welche die Protestanten als unsere größte Schwierigkeit ansehen: die Lehre von der unbefleckten Empfängnis. Hier bitte ich den Leser, sich dessen zu erinnern, wohin ich treibe. Ich habe keine Schwierigkeit, sie anzunehmen. Wenn also ich keine Schwierigkeit empfinde, warum sollte auch nicht ein anderer keine Schwierigkeit empfinden? Warum nicht hundert, warum nicht tausend? Nun bin ich ganz sicher, daß die Katholiken im allgemeinen im Hinblick auf die unbefleckte Empfängnis überhaupt keine intellektuelle Schwierigkeit empfinden, und daß auch kein Grund da sei, warum sie eine solche empfinden sollten. Priester empfinden keine. Man wird mir erwidern, daß sie eben die Schwierigkeit empfinden sollten: — sie empfinden aber keine. Seien Sie doch weitherzig genug, zu glauben, daß es in der Welt Menschen gebe, die anders als Sie urteilen und fühlen! Warum hätten sich denn sonst die Menschen in so viele Formen der Religion gespalten, wenn nicht darum, weil es eben so viele voneinander verschiedene Typen des Geistes gibt? Beurteilen Sie also von meinem Zeugnis aus, wenn anders Sie diesem glauben, die anderen, welche Katholiken sind wie ich: Wir finden nicht die Schwierigkeiten in den Lehren, an die wir glauben, die Sie finden; wir finden im besonderen auch keine intellektuellen

Schwierigkeiten in der oder jener Lehre, welche Sie für unsere Zeit ganz neu nennen. Wir Priester brauchen darum noch keine Heuchler zu sein, weil wir dazu berufen sind, an die unbefleckte Empfängnis zu glauben. In der großen Klasse von Geistern, die an das Christentum auf unsere Art glauben — in jener eigentümlichen Stimmung, in jenem Geist und Licht, in welchem Katholiken glauben — bedeutet es durchaus keine Last und Bürde, zu glauben, daß die heilige Jungfrau ohne Erbsünde empfangen worden sei. Es ist in der Tat nur eine einfache Tatsache, wenn wir behaupten, daß die Katholiken nicht dazu gekommen sind, daran zu glauben, weil es so definiert wurde, sondern umgekehrt, daß es so definiert wurde, weil die Katholiken eben daran schon geglaubt haben.

Die Definition des Dogmas vom Jahre 1854 hat die katholische Welt so wenig hart getroffen, daß dieses vielmehr bei der Bekanntmachung überall mit der größten Begeisterung aufgenommen wurde. Und es war nur infolge einer einstimmigen Petition an den Heiligen Stuhl zugunsten einer Erklärung, daß die Lehre apostolisch sei, daß sie als solche auch erklärt wurde. Ich habe noch niemals von einem Katholiken, dessen Glauben auf anderen Gebieten der Lehre unverdächtig wäre, erfahren, daß er Schwierigkeiten in bezug auf diese empfinde. Natürlich gibt es gute und ernste Männer, die besorgt waren und ihre Zweifel hatten, ob die Lehre wirklich aus der

Heiligen Schrift oder aus der Überlieferung als apostolisch bewiesen werden könne, und die darum, obwohl sie persönlich daran glaubten, nicht recht sahen, wie sie durch die Autorität definiert werden könnte, doch das hat damit nichts zu tun. Hier haben wir uns zu fragen: Ist diese Lehre eine Last oder nicht? Ich glaube, sie ist es nicht. Sie ist es so wenig, daß ich ganz aufrichtig der Meinung bin, selbst der heilige Bernhard und der heilige Thomas, die zu ihrer Zeit Bedenken hatten, würden, wenn sie heute lebten, die Lehre um ihrer selbst willen frohen Herzens angenommen haben. Deren Schwierigkeiten damals lagen, so wie ich es sehe, in Worten, in Ideen und Argumenten. Sie hielten die Lehre für unvereinbar mit anderen; und diejenigen wiederum, die damals dafür eingetreten waren, hatten nicht jene Präzision in der Formulierung der Lehre, welche eben durch das Mittel der Kontroverse von Jahrhunderten ermöglicht worden ist. Und daher die Meinungsverschiedenheit und die Streitigkeit.

Das Beispiel, das ich gewählt habe, bringt mich auf eine andere Bemerkung: Die Anzahl der (sogenannten) neuen Doktrinen wird uns wahrlich nicht bedrücken und belasten, wenn es acht Jahrhunderte gebraucht hat, damit eine einzige verkündigt werde. Das nämlich ist ungefähr der Zeitraum, den die Vorbereitung zur Definition der unbefleckten Empfängnis gebraucht hat. Gewiß ist dies ein außergewöhnlicher Fall, aber es ist schwer zu sagen, was nicht außergewöhnlich sei, wenn wir uns überlegen, wie selten die Gelegenheiten waren, bei denen sich die Stimme der Unfehlbarkeit feierlich erhob. Zum Papst im ökumenischen Konzil blicken wir empor als dem gewöhnlichen Sitz der Unfehlbarkeit; nun hat es nur achtzehn solche Konzile seit dem Bestehen des Christentums gegeben — im Durchschnitt kommt eins auf ein Jahrhundert — und von diesen Konzilen haben einige überhaupt keine Lehre verkündigt, andere waren nur mit einer einzigen beschäftigt, und viele hatten es nur mit elementaren Fragen des Glaubensbekenntnisses zu tun. Das Konzil von Trient umfaßt gewiß ein großes Gebiet von Lehren, aber ich möchte auf seine Kanones eine Bemerkung anwenden, die schon in einer meiner Universitätspredigten steht und mit solcher Unwissenheit in jenem Pamphlet, gegen welches sich diese Schrift wendet, kritisiert wird: Ich habe dort behauptet, daß die verschiedenen Abschnitte des Athanasischen Glaubensbekenntnisses nur die Wiederholung — in verschiedenen Formen — ein und derselben Idee sei. Und auf die gleiche Weise sind die tridentinischen Dekrete nicht eines vom andern isoliert, sondern darum bemüht, durch eine Anzahl von Deklarationen einige wenige Grundwahrheiten einheitlich zusammenzufassen. Ich möchte dieselbe Bemerkung in bezug auf verschiedene Thesen, die von den Päpsten verdammt worden sind, machen und weiter in bezug auf deren dogmatische Entscheidungen überhaupt. Ich sehe ein, daß diese sich auf den ersten Blick eben infolge ihrer Zahl als eine größere Last für den Glauben der einzelnen Individuen darstellen als die Kanones der Konzile, doch ich glaube nicht, daß sie es in Wirklichkeit sind, und ich werde auch gleich sagen, warum: Es ist nicht darum, weil der Katholik, Laie oder Priester, sich der Sache gegenüber gleichgültig verhält oder infolge einer gewissen Art von Unbedachtsamkeit und Scheu, daß er alles hinnehmen wird, was man ihm vorsetzt, oder weil er wie ein Richter einfach das hersagt, was sein Paragraph ihm vorschreibt, sondern darum, weil in solchen Verdammungen der Heilige Stuhl sich vornehmlich mit der Zurückweisung von ein oder zwei großen Irrlehren, wie Luthertum oder Jansenismus, die Sittenlehre und nicht die Doktrin betreffend, abgibt, mit der Zurückweisung von Irrlehren, die dem katholischen Geist wesentlich fremd sind, und endlich darum, weil er damit nur das ausdrückt, was jeder gute Katholik von mittleren Fähigkeiten, auch wenn er ungelehrt ist, dank seinem gesunden Gemeinsinn sagen müßte, wenn ihm selber die Sache vorgelegt werden könnte.

Jetzt will ich darangehen, ganz ohne Voreingenommenheit zu sagen, was ich in Wirklichkeit für die große Versuchung und Prüfung der Vernunft halte, wenn diese mit jenem erhabenen Vorrecht der katholischen Kirche, von dem ich eben gesprochen habe, zusammenstößt. Ich habe mich eben über die konkrete Gestalt und über die Umstände ausgelassen, in welcher und unter welchen sich die reine unfehlbare Autorität dem Katholiken präsentiert. Diese Autorität hat das Vorrecht eines indirekten Rechtsspruches, Gegenstände betreffend, die jenseits von ihrer eigenen Machtgrenze liegen, und sie hat diese Jurisdiktion mit vollem Recht. Sie könnte nicht in ihrem eigenen Bezirke handeln, wenn ihr nicht auch das Recht zustünde, außerhalb desselben vorgehen zu dürfen. Sie ist außerstande, rein religiöse Wahrheiten zu verteidigen, wenn sie ganz ohne Anspruch wäre auf das, was ihre Pomoeria genannt werden muß oder, um einen anderen Vergleich zu nehmen, ohne so vorzugehen, wie wir als Nation vorgehen, wenn wir nicht nur die Insel, auf der wir wohnen, sondern auch das als unser Eigentum beanspruchen, was wir die britischen Gewässer nennen. Die katholische Kirche erhebt dementsprechend Anspruch darauf, nicht nur unfehlbar in rein religiösen Fragen zu entscheiden, sondern auch auf solche sekulären Inhalts, welche an religiöse rühren, ein Auge zu haben, auf Fragen der Philosophie, der Wissenschaft, der Literatur, der Geschichte, und sie verlangt auch hier Unterwerfung unter ihre Ansprüche. Sie erhebt Anspruch darauf, Bücher zensurieren, Autoren zum Schweigen bringen und Diskussionen verbieten zu dürfen. Und in diesen Sachen handelt es sich aber, wenn sie jetzt spricht, nicht so sehr um die Lehre an sich, wie um Maßregeln der Disziplin. Ihr muß natürlich Gehorsam geleistet werden ohne Widerspruch, und vielleicht wird sie im Laufe der Zeiten stillschweigend von dem, was sie heute für bindend erklärt, zurückgehen. In diesen Fragen geht es nicht um den Glauben, denn alle Gegenstände des Glaubens sind für alle Zeiten wahr und können nicht zurückgenommen werden. Auch folgt durchaus nicht, daß, weil es eine Gabe der Unfehlbarkeit in der katholischen Kirche gibt, die Macht, die diese Gabe besitzt, darum in allen ihren Unternehmungen unfehlbar sei. „Es ist herrlich," sagt der Dichter, „die Kräfte eines Riesen zu haben, aber tyrannisch, sie wie ein Riese zu gebrauchen." Ich meine, daß die Kirchengeschichte uns Beispiele liefert, da von einer gesetzlichen Macht zu rücksichtslos Gebrauch gemacht worden war. Das zugeben heißt nicht mehr als sagen, daß der göttliche Schatz nach den Worten des Apostels in irdenen Gefäßen sei; auch folgt daraus nicht, daß, weil die Form fehlerhaft gewesen sein mag, die Absicht im Vorgehen der herrschenden Macht nicht richtig gewesen wäre. So hohe Autoritäten handeln mit Hilfe von Werkzeugen; wir wissen, wie solche Werkzeuge für sich selber den Namen ihrer Meister sich aneignen, die auf diese Weise ihrerseits für Fehler verantwortlich sind, die sie niemals begangen haben. Aber selbst, wenn alles das in einem noch größeren Ausmaß zutrifft, als es der herrschenden

Macht mit irgendeinem Schein von Recht imputiert werden kann, liegt in einem solchen Mangel an Klugheit, an Mäßigung mehr, als was mit größerem Recht gegen protestantische Gemeinden und Institutionen eingewendet werden müßte? Warum sollen gerade wir dadurch zu Heuchlern werden, und nicht auch die Protestanten? Wir werden aufgefordert, nicht uns zu einer Sache zu bekennen, sondern uns zu unterwerfen und zu schweigen. Solche Einschränkungen werden nur auf unsere Handlungen, nicht aber auf unsere Gedanken gelegt. Wie zum Beispiel soll einer darum gleich zum Heuchler werden, weil ihm verboten wird, ein Pamphlet zu veröffentlichen? Seine Gedanken sind so frei wie je; Verbote der Autorität können uns ärgern und reizen, aber sie erstrecken sich nicht auf den Gebrauch unserer Vernunft.

Soviel auf den ersten Blick; aber ich will noch weitergehen und behaupten, daß trotz allem, was ein durchaus feindlich gesinnter Kritiker gegen die Übergriffe und Härten höherer Geistlicher im Gebrauch der Macht in vergangenen Zeiten sagen mag, die Ereignisse wohl erwiesen haben, daß diese in der Hauptsache im Recht und jene, gegen welche sie so rücksichtslos vorgegangen sind, im Unrecht waren. Ich liebe zum Beispiel den Namen des Origenes; ich will nichts davon hören, daß eine so große Seele verdammt sein sollte, aber ich bin ganz sicher, daß in dem Streit zwischen seiner Lehre und deren Anhängern einerseits und der geistlichen Macht andererseits seine Gegner im Recht waren und er im Unrecht. Doch wer kann, ohne die Geduld zu verlieren, von seinem Gegner und dem Feinde des heiligen Johann Chrisostomus, jenem Theophilos, Bischof von Alexandria, sprechen? Wer vermag den Papst Vigilius zu bewundern oder zu verehren? Und hier drängt sich mir noch eine andere Bemerkung auf: Sooft ich Kirchengeschichte studierte, noch da ich Anglikaner war, wurde es mir mit aller Macht nahegebracht und deutlich, wie der Irrtum in etwas, aus dem später eine Heresie geworden ist, zu Beginn meist darin gelegen habe, daß irgendeine Wahrheit gegen das Verbot der Autorität zu ungelegener Zeit vorgebracht wurde. Jedes Ding hat seine Zeit, und manch einer wünscht die Reform eines Mißbrauches oder die vollere Entwicklung einer Doktrin oder die Vornahme einer besonderen Maßregel und vergißt dabei, sich zu fragen, ob die Zeit dafür schon gekommen sei; und da er weiß, daß da niemand sei, der irgendetwas in diesem Sinne zu seinen Lebzeiten unternehmen will, wenn er es nicht selber tut, so will er nicht auf die Stimme der Autorität hören und verdirbt ein gutes Werk in seinem Jahrhundert, so daß ein Mann, noch ungeboren, ein Jahrhundert später es nicht zu Ende führen kann. Die Welt wird natürlich in ihm nichts weniger sehen als einen kühnen Vorkämpfer der Wahrheit und einen Märtyrer der freien

Meinungsäußerung, während er in Wirklichkeit nur jemand war, den die zuständige Autorität hätte zum Schweigen bringen sollen, und wenn auch der betreffende Fall vielleicht nicht unter diejenigen gehört, in denen die Autorität unfehlbar ist, und mögen auch die formellen Bedingungen zum Gebrauch dieser Macht in dem betreffenden Falle gefehlt haben, so ist doch die Pflicht der Autorität, gegebenenfalls mit Macht einzugreifen, ganz klar und einleuchtend. Doch dieser Akt wird auf die Nachwelt kommen als ein Beispiel despotischen Eingreifens in das Privaturteil, als das Beispiel dafür, wie man einen, der Reform will, zum Schweigen bringt, als ein Beispiel einer niedrigen Neigung zur Korruption und zum Irrtum; und er wird sich noch weniger vorteilhaft darstellen, wenn die herrschende Gewalt zufällig diesmal nicht ohne einen gewissen Mangel an Klugheit und Rücksicht vorgegangen ist. Und alle diejenigen, welche für die herrschende Autorität Partei nehmen, werden als Opportunisten oder als indifferent in Sachen, wo es auf Wahrhaftigkeit und Wahrheit ankommt, angesehen werden; während andererseits die betreffende Autorität selber diesmal durch eine rücksichtslose Ultrapartei unterstützt gewesen sein mag, die da Meinungen zu Dogmen erhebt und der es vornehmlich darum zu tun ist, jede Gedankenrichtung, die nicht die ihre ist, niederzuschlagen.

Ein solcher Zustand der Dinge mag zugleich

herausfordernd und lähmend sein, sooft es sich um zwei Klassen von Menschen handelt: um die Gemäßigten, die den Wunsch haben, die Meinungsverschiedenheiten in Dingen der Religion soviel wie möglich zu überbrücken, und dann um solche, die bestehende Übel wirklich sehen und ehrlich bestrebt sind, dagegen ein Mittel zu finden, gegen Übel, von denen gelehrte Theologen in diesem oder jenem fremden Lande keine Ahnung haben, und die kennenzulernen und richtig einzuschätzen selbst zu Hause nicht jeder die Mittel und Gelegenheit hat. Das ist ein Zustand der Dinge sowohl in der Vergangenheit als auch in der Gegenwart. Wir leben in einem erstaunlichen Zeitalter. Die Erweiterung des Kreises sekulärer Wissenschaft ist eben jetzt einfach unerhört, und dies um so mehr, als diese Erweiterung anzuhalten verspricht und das mit vermehrter Schnelligkeit und deutlicherem Erfolge. Nun, diese Entdeckungen, ob sie nun schon gesichert oder erst zu erwarten sind, haben in der Tat eine Beziehung zu religiösen Anschauungen, und es entsteht die Frage, wie in gegebenen Fällen die Ansprüche der Offenbarung und die der Naturwissenschaft vereinbart werden sollen. Wenige Geister, die es ernst meinen, können sich ohne irgendeine Art rationeller Grundlagen für ihre religiösen Glaubensmeinungen wohlfühlen; Theorie und Tatsachen versöhnen zu wollen, ist beinahe ein Instinkt des Geistes. Wenn sich nun eine wahre Flut von gesicherten oder noch fragwürdigen Tatsachen über uns ergießt (und eine Menge anderer noch in Aussicht sind), so werden alle, Katholiken oder Nichtkatholiken, die an die Offenbarung glauben, aufgerüttelt, nach dem Sinn und der Bedeutung dieser neuen Tatsachen für sie selber zu fragen, weil es hier sowohl um die Ehre Gottes geht, als auch eine gewisse Zartheit und Rücksicht für so viele Seelen gilt, die gerade infolge des zuversichtlichen Tones der weltlichen Schulen in Gefahr kommen, in einen ufer- und grundlosen Liberalismus des Gedankens irregeführt zu werden.

Ich will hier nicht die umfangreiche Körperschaft von Menschen kritisieren, die sich gegenwärtig zum Liberalismus in Sachen der Religion bekennt und die schon gesicherten oder noch im Werden befindlichen Entdeckungen des Zeitalters als richtunggebend dafür ansieht, was sie über das Unsichtbare und Kommende denken soll. Der Liberalismus, der die heutige Gesellschaft kennzeichnet, ist sehr verschieden von der Gedankenart, welche den Namen vor dreißig oder vierzig Jahren kennzeichnete. Er ist heute kaum mehr eine Partei, er ist die gesamte gebildete Laienwelt. Da ich jung war, lernte ich das Wort kennen als die Bezeichnung für eine Zeitschrift, die Lord Byron und andere herausgaben. Ich habe heute ebensowenig Sympathie für die Philosophie Lord Byrons wie damals. Später wurde Liberalismus das Schlagwort für eine theologische Schule von einer gewissen trokkenen und abstoßenden Art, die nicht an sich, aber darum gefährlich war, weil sie einem Übel, das sie selbst weder voraussehen noch übersehen konnte, das Tor geöffnet hatte. Heute ist er nichts anderes, als jener tiefe, gefällige und übliche Skeptizismus, den ich oben gekennzeichnet habe als die Entwicklung der menschlichen Vernunft, wie diese im Leben vom natürlichen Menschen geübt wird.

Die Bekenner einer liberalen Religion sind heute eine sehr gemischte Körperschaft, und ich habe nicht die Absicht, gegen sie zu sprechen. Es mag in den Herzen einiger oder vieler unter ihnen zweifellos Abneigung und Entrüstung gegen geoffenbarte Wahrheiten vorhanden sein, woran zu denken einen mit Trauer erfüllen muß. In vielen Männern der Wissenschaft und Literatur dürfte wohl auch eine gewisse Gereiztheit vorherrschen, die aus persönlichem Erleben kommt; es ist für solche eine Frage der Partei, ein Ehrenpunkt, auch die Aufregung des Spiels oder die Folge einer Wunde oder eines durch die Schärfe oder Enge von Apologeten der Religion verursachten Ärgernisses, zu beweisen, daß das Christentum und die Heilige Schrift unglaubwürdig seien. Eine Menge Schriftsteller und Gelehrte andererseits gehen, ohne nach rechts oder links zu sehen, davon bin ich überzeugt, ihren geraden Weg auf ihrem eigenen Gebiete weiter, ohne durch eine religiöse Meinung in sich selbst gestört zu werden und ohne den geringsten Wunsch, anderen durch die Ergebnisse ihrer Forschungen Schmerz zu verursachen. Es würde mir nicht zustehen und so aussehen, als hätte ich Furcht vor der Wahrheit welcher Art immer, wenn ich Männer tadeln wollte, die da Tatsachen der Wissenschaft mit Hilfe der Vernunft, die ihnen Gott gegeben hat, bis in die letzten logischen Konsequenzen verfolgen, oder wenn ich auf die Wissenschaften böse wäre, weil mich die Religion verpflichtet, in deren Ergebnisse Einsicht zu nehmen. Doch lassen wir diese speziellen Klassen von Menschen beiseite, sie haben weiter keinen besonderen Anspruch auf die Sympathie eines Katholiken. Dieser Katholik aber nimmt den entschiedensten Anteil an den Gefühlen einer sehr großen Klasse von Menschen in den gebildeten Teilen der Gesellschaft, religiös gesinnter und aufrichtiger Geister, die aus der Fassung geraten sind, im Innersten erschrocken oder zur Verzweiflung gebracht, je nachdem, durch die äußerste Verwirrung, in welche ihre elementarsten Religionsbegriffe durch neue Entdeckungen oder Spekulationen gebracht worden sind. Wer wird nicht mit diesen Menschen Mitgefühl haben? Wer auch nur einen einzigen unfreundlichen Gedanken gegen sie hegen? Ich denke an die schönen Worte des heiligen Augustinus: „Illi in vos saeviant etc.“... Jene mögen über euch erbost sein, die da nichts ahnen von den Schwierigkeiten, unter welchen der Irrtum von der Wahrheit getrennt wird und der Weg des Lebens gefunden wird mitten durch die Enttäuschungen der Welt! Wie viele Katholiken sind in ihren Gedanken nicht solchen Männern gefolgt, viele von ihnen so gut, so wahrhaftig, so edel! Wie oft ist nicht in ihren Herzen der Wunsch entstanden, es möchte aus ihrer Mitte einer hervortreten und die geoffenbarte Wahrheit gegen deren Gegner im Kampfe vertreten! Die verschiedensten Menschen, Katholiken und Protestanten, sind an mich mit dieser Forderung herangetreten; doch ich hatte mehrere sehr ernste Bedenken dagegen. Eines der allerernstesten ist, daß es im Augenblick schwierig sei, genau zu sagen, was denn das wirklich ist, dem wir entgegentreten und das wir aus dem Sattel heben sollen. Es liegt mir ferne zu leugnen, daß die wissenschaftliche Erkenntnis wachse, aber sie wächst doch nur von Fall zu Fall, und Hypothesen entstehen und werden fallen gelassen. Es ist schwer vorauszusehen, welche ihren Platz behaupten werde, und was wir inbezug auf sie in den nächsten Jahren wirklich wissen werden. Unter solchen Verhältnissen erschien es mir eines Katholiken durchaus unwürdig, etwas zu unternehmen, das sich später als eine Jagd nach Wolken herausstellen müßte, und um gewisser Einwände willen den Geist an eine Theorie zu verschwenden, die, bevor sie fertig wäre, schon einer noch neueren Platz zu machen hätte infolge des Umstandes, daß jene früheren Einwände unter neuen, die sich erheben, schon zunichte geworden sind.

Es schien mir gerade jetzt die Zeit gekommen zu sein, da die Christen die Pflicht hätten, Geduld zu zeigen, die Zeit, da ihnen kein anderes Mittel bleibt, jenen, die beunruhigt waren, zu helfen, als jenes, daß sie diese aufmunterten, jetzt auch nur ein wenig Glauben und Tapferkeit zu zeigen und, wie der Dichter sagt, sich vor gefährlichen Schritten zurückzuhalten. Dies schien mir, je mehr ich darüber nachdachte, so klar, daß ich vermuten mußte, ich würde, wenn ich in diesem Augenblicke das so wenig Versprechende versuchen wollte, finden, daß die höchste katholische Autorität gegen diesen Versuch wäre, und daß ich meine Gedanken und meine Zeit an etwas gewendet hätte, das überhaupt vor die Öffentlichkeit zu bringen unklug wäre und, wenn ich es dennoch täte, die Sachen, die an und für sich schon verwickelt genug sind, noch mehr verwickeln und verwirren würde. Und ich deute jüngste Akte der Autorität in dem Sinne einer Erfüllung meiner Erwartungen, ich deute sie als ein Mittel, Kontroversialisten, wie auch ich einer geworden wäre, die Hände zu binden und uns jene wahre Weisheit zu lehren, welche Moses seinem Volke einpflanzte, als die Ägypter dieses verfolgten: „Fürchtet euch nicht! Haltet euch ruhig! Der Herr wird für euch kämpfen und ihr sollt euren Frieden haben.“ Und ich bin so weit davon entfernt, den Gehorsam in diesem Falle schwierig zu finden, daß ich sogar Grund habe, dankbar zu sein und mich darüber zu freuen, eine so klare Richtung in einer so heiklen Angelegenheit gefunden zu haben.

Wenn wir uns mit Genauigkeit des wirklichen Verlaufes eines Prinzips vergewissern wollen, so müssen wir ihn aus einer gewissen Entfernung sehen und so, wie ihn die Geschichte uns weist. Alles von Menschenwerkzeug Vollbrachte hat seine Unregelmäßigkeiten und Fehler und gibt, sowie wir einmal in die Details gehen, zur Kritik Anlaß. Ich habe von jenem Aspekt des Vorgehens der unfehlbaren Autorität gesprochen, der für die, welche sie von außen sehen, am meisten übelwollender Kritik offensteht, ich habe unparteiisch zu sein versucht, indem ich das erwog, was zu ihrem Nachteil gesagt werden könnte, soweit sich dieser Nachteil innerhalb der katholischen Kirche bemerkbar macht, und ich verlange jetzt, daß die Gegner in ihrem Urteil über deren historischen Charakter ebenso unparteiisch sind. Kann man also mit dem geringsten Schein von Gründen von der unfehlbaren Autorität behaupten, sie hätte die Kraft des Intellektes in der katholischen Kirche geschwächt? Lassen Sie mich gleich bemerken, daß ich hier nicht von irgendeinem Konflikt, den die kirchliche Autorität mit der Wissenschaft gehabt hätte, zu sprechen habe, denn es hat keinen solchen gegeben, weil eben die weltlichen Wissenschaften, wie sie heute bestehen, in der Welt ein Neues sind, und es ist bis heute noch keine Zeit gewesen für eine Geschichte der Beziehungen zwischen der Theologie und jenen neuen Methoden der wissenschaftlichen Erkenntnis, und wir müssen in der Tat gestehen, daß sich von diesen die Kirche bis jetzt fernegehalten hat, wie es durch den immer von neuem zitierten Fall Galileis bewiesen ist. Doch hier exceptio probat regulam, denn es ist der eine Haupteinwand. Und ferner habe ich hier nicht von irgendwelchen Beziehungen der Kirche zu den neuen Wissenschaften zu sprechen, weil es sich bei mir nur um die einfache Frage handelt, ob der Anspruch auf Unfehlbarkeit seitens der wahren Autorität genüge, mich zu einem Heuchler zu machen, und solange diese Autorität nicht Beschlüsse, Gegenstände der Physik betreffend, faßt und mich dann auffordert, sie zu unterschreiben (was sie niemals tun wird, da ihr dazu die Macht fehlt), hat sie nicht die Neigung, durch ihr Vorgehen mein Privaturteil in diesen Angelegenheiten zu beeinflussen. Die Frage ist einfach die, ob die Autorität so auf die Vernunft der einzelnen Menschen gewirkt habe, daß diese kein eigenes Urteil mehr haben können und ihnen nur noch die Wahl zwischen sklavischem Aberglauben und heimlicher Empörung des Herzens bleibt. Ich meine, die ganze Geschichte der Theologie müsse eine solche Behauptung durchaus widerlegen. Es ist kaum notwendig, das zu erläutern, da es klar genug ist. Es waren Individuen und nicht der Heilige Stuhl, die in Fragen der Theologie die Initiative ergriffen und die Führung der katholischen Geister übernommen haben. Es ist in der Tat einer der Vorwürfe, die man der Kirche von Rom gemacht hat, daß sie nichts hervorgebracht und nur als eine Art Remora oder Wehr in der Entwicklung der Doktrin gedient habe. Und das ist ein Einwand, den ich als Wahrheit begrüße, denn darin sehe ich den Hauptzweck dieser außerordentlichen Gewalt. Es wird behauptet, daß die römische Kirche in der ganzen Periode der Verfolgung nicht einen einzigen großen Geist gehabt habe. Nachher wiederum hatte sie für eine lange Zeit nicht einen Doktor aufzuweisen. Der heilige Leo, ihr erster, war Lehrer eines einzigen Punktes der Doktrin, der heilige Gregor, der am äußersten Ende des ersten Zeitalters der Kirche steht, hat keinen Platz in der Geschichte des Dogmas und der christlichen Philosophie. Der große Erleuchtete der westlichen Welt war, wie wir wissen, der heilige Augustinus. Er, kein unfehlbarer Lehrer, hat den Intellekt Europas geformt, und wir müssen uns an die afrikanische Kirche überhaupt wenden, wenn wir die beste Erläuterung der lateinischen Ideen haben wollen.

Genau so ist es mit den ökumenischen Konzilen. Die Autorität in ihrer eindrucksvollsten Entfaltung, ernste Bischöfe, beladen und beschwert mit den Überlieferungen und Rivalitäten ganzer Völker und Orte, sind in ihren Entscheidungen vom überwältigenden Genius Einzelner geführt worden, die oft noch jung und niederen

Ranges waren. Nicht daß der unerleuchtete Geist die überirdische Gabe, welche dem Konzil verliehen worden war, beherrschte und übersah, was ein Widerspruch mit sich selbst wäre, sondern daß in diesem Prozesse der Forschung und Erwägung, welcher jedesmal mit dem unfehlbaren Ausspruch endet, die Vernunft und der Geist des Einzelnen siegte. So hatten die Schriften des heiligen Bonaventura, und so hatte, was hier mehr in Betracht kommt, die Ansprache eines Priesters und Theologen an das Konzil von Trient, Salmeron, eine sehr entscheidende, maßgebende Wirkung auf einige Definitionen von Dogmen. Parallel damit geht der so wohlbekannte Einfluß des heiligen Athanasius auf die 318 Väter von Nicäa. In gleicher Weise hören wir vom Einfluß des heiligen Anselm zu Bari und des heiligen Thomas zu Lyon. In diesen letzteren Fällen mag der Einfluß zum Teil ein moralischer gewesen sein, aber in den ersteren war er der einer diskursiven Erkenntnis kirchlicher Schriftsteller, einer wissenschaftlichen Bekanntschaft mit der Theologie und einer Kraft des Gedankens in der Behandlung der Doktrin.

Es gibt natürlich Neigungen und Gewohnheiten des Geistes, welche auszubilden weder der Sinn noch die Absicht der Theologie sein kann, so zum Beispiel die experimentellen und dann wieder die philosophischen, und das nur darum, weil sie eben Theologie ist, und nicht wegen der Gabe der Unfehlbarkeit. Aber was das anbetrifft, es ließe sich, meine ich, nachweisen, daß Physik und Mathematik ihrerseits nur eine sehr unvollständige Schulung des Intellektes bieten. Ich sehe also nicht ein, wie irgendein Einwand, die Engherzigkeit der Theologie betreffend, hier, wo es sich darum handelt, ob der Glaube an die Unfehlbarkeit die Unabhängigkeit des Geistes vernichte, auch nur in Frage kommen könne, und ich finde, daß die Geschichte der Kirche und vor allem die der theologischen Schulen diese Anklage zurückweist. Es hat niemals eine Zeit gegeben, in welcher der Geist der gebildeten Stände lebhafter, ich möchte lieber sagen, ruheloser gewesen wäre als im Mittelalter. Und dann gehen Sie nur einmal die ganze Geschichte der Kirche von Anfang an durch: Wie vorsichtig ist nicht die Autorität, wenn es einzugreifen gilt! Es ist meist so: Ein Lehrer oder Doktor an derselben Ortsschule wagte eine Proposition; die Kontroverse setzt ein. Es schwelt oder brennt an einem Orte, niemand greift ein, Rom läßt die Sache auf sich beruhen. Dann kommt der Streit vor den Bischof, oder ein Priester oder Professor an irgendeiner anderen Stätte der Gelehrsamkeit nimmt ihn auf. Und so ist die Angelegenheit in ein zweites Stadium getreten, dann kommt sie vor die Universität, und die These mag dort vielleicht verurteilt werden. So geht die Kontroverse weiter, jahraus und jahrein, Rom schweigt noch immer. Es kommt vor, daß noch an einen Sitz der Autorität, der Rom unmittelbar untersteht, appelliert wird, und endlich nach langer Zeit kommt sie vor den höchsten Stuhl. Inzwischen ist die Frage erörtert und hin- und hergewendet und von jeder Seite in Betracht gezogen worden, und die Autorität wird jetzt eben nur aufgefordert, eine Entscheidung zu verkünden, zu der man eigentlich schon mittels der Vernunft gelangt ist. Aber möglich, daß auch dann noch die höchste Autorität zögert und nichts in der Sache entscheiden wird, über Jahre hinaus, oder doch nur so allgemein und unbestimmt, daß die ganze Kontroverse noch einmal durchgegangen werden muß, bis die letzte Entscheidung fällt. Es ist ganz klar, wie eine solche Art vorzugehen nicht nur die Freiheit des einzelnen Theologen und Kontroversialisten, sondern auch dessen Mut weckt. Manch einer hat eine Idee, die er für wahr und nützlich zugleich hält, aber er hat den Wunsch, diese möchte vorher noch durchgesprochen werden. Er ist willens, sie aufzugeben, und wird es oft gerne tun, wenn sie sich als irrtümlich oder gefährlich erwiese; und durch die Kontroverse erreicht er den Zweck. Man erwidert ihm, und er gibt nach. Oder er findet, daß sie für sicher gilt. Er würde das nicht zu tun wagen, wenn er wüßte, daß da eine Autorität, die über allem steht und deren Urteil endgültig ist, auf jedes Wort, das er sagt, Obacht gebe, und jeden Satz, kaum daß dieser heraus ist, mit den Zeichen ihrer Billigung oder ihres Tadels versehe. Er würde dann in der Tat wie die persischen Soldaten unter der Peitsche kämpfen, und die Freiheit seines Intellektes wäre ihm wahrhaftig ausgetrieben. Aber dies ist niemals so gewesen. Ich will natürlich nicht sagen, daß, sobald die Kontroversen in den Schulen oder in den Sprengeln der Kirche sehr erbittert geworden sind, ein Dazwischentreten von Rechts wegen nicht gleich statthaben sollte. Auch das ist zu erwägen: die Fragen mögen oft so dringend sein, daß sofort aus einem Gefühl der Pflicht heraus an die höchste Autorität appelliert werden muß. Doch wenn wir die Geschichte der Kontroversen durchgehen, so finden wir, denke ich, den Lauf meistens so, wie ich ihn oben gezeichnet habe. Zosimus behandelt Pelagius und Zölestin mit äußerster Rücksicht. Gregor VII. war ebenso nachsichtig mit Berengar. Gerade weil die Päpste eine so große Macht hatten, waren sie stets sehr vorsichtig und sparsam in deren Gebrauch.

Und hier liegt dann ein weiterer Schutz für die Vernunft des Einzelnen: Die Menge der Nationen, die in den Falten der Kirche geborgen ist, hat stets, wie wir finden, so gehandelt, daß sie gegen jede Enge, wenn wir das so nennen dürfen, von seiten der verschiedenen Autoritäten in Rom, bei denen die wirkliche Entscheidung in allen Streitfragen lag, geschützt war. Wie sind nicht die griechischen Überlieferungen respektiert worden! Wie hat man nicht in den letzten ökumenischen Konzilen im Interesse eben dieser Überlieferungen jede Vorsorge getroffen, trotzdem daß die Staaten, die sich an diese Überlieferungen hielten, im Zustand des Schismas waren! Es gibt wichtige Punkte der Doktrin, die (menschlich gesprochen) vom unfehlbaren Urteilsspruch ausgenommen worden waren, dank dem Zartgefühl, mit welchem die Werkzeuge der Unfehlbarkeit bei Bildung ihres Urteils die Ansichten der betreffenden Orte behandelt haben. Und dann wiederum wirken solche nationalen Einflüsse wie die Vorsehung selber, indem sie das Gewicht herabmindern, mit welchem die lokalen Einflüsse Italiens auf den Stuhl des Heiligen Vaters wirken. Es ist nur vernünftig, daß, ebenso wie die gallikanische Kirche in sich ein französisches Element hat, Rom ein italienisches habe. Es beeinträchtigt keineswegs den Eifer und die Hingebung, womit wir uns dem Heiligen Stuhl unterwerfen, wenn wir dies offen zugeben. Die Katholizität scheint mir, wie ich das schon ausgesprochen habe, nicht nur eines der Kennzeichen der Kirche, sondern auch, entsprechend den göttlichen Absichten, eine ihrer Sicherheiten. Ich würde es als ein sehr ernstes Übel ansehen, wenn — was die göttliche Gnade verhüten möge — die Kirche in Europa sich innerhalb der einzelnen Nationen zusammenziehen wollte. Es ist eine große Sache, in Amerika die lateinische Zivilisation einzuführen und die Lage der Katholiken dort mit jener Energie, die dem französischen Katholizismus eignet, zu verbessern; aber ich glaube und hoffe, daß alle europäischen Rassen für alle Zeiten ihren Platz innerhalb der Kirche behaupten werden, und dies ist meine sichere Überzeugung, daß der Verlust der englischen Nation, um von der deutschen nicht zu reden, in deren Zusammensetzung ein sehr großes Übel gewesen ist. Und wahrlich, wenn wir Engländer Pius IX. noch aus einem besonderen Grunde dankbar sein müssen, so ist es der, daß er uns mit dem Geschenk einer nationalen Kirche auch den Weg bereitet, wie die eigenen Gewohnheiten des Geistes, unsere Art und Weise, zu denken, unser Geschmack und unsere Tugenden einen Platz und damit eine Weihe innerhalb der katholischen Kirche finden.

Es bleibt noch ein einziger Gegenstand übrig, den ich hier vorzubringen für notwendig halte, weil er sich auf die unbestimmten Verdächtigungen bezieht, die in diesem Lande mit der katholischen Priesterschaft in Verbindung gebracht werden. Es ist ein Gegenstand, über den mein Ankläger viel sagt: Die Anschuldigung des Reservats und der Ökonomie. Er gründet seine Anklage in keinem geringen Ausmaß auf das, was ich über diesen Gegenstand in meiner „Geschichte der Arianer" und in einer Anmerkung zu einer meiner Predigten sagte, worin ich darauf Bezug nehme. Das Prinzip des Reservats wird auch von einem bewundernswürdigen Schriftsteller in zwei Nummern der „Zeitgemäßen Traktate" vertreten.

Was die Ökonomie anbelangt, so will ich nur so viel sagen, daß sie auf den Worten des Herrn beruht: Werfet die Perlen nicht vor die Säue! Und sie wurde auch von den früheren Christen im Verkehr mit den Heiden, unter denen sie zu leben hatten, beobachtet. Inmitten all des verruchten Götzendienstes und all des Schmutzes dieser schrecklichen Zeiten konnten sie nicht anders. Aber die Regel der Ökonomie, zum mindesten wie ich sie erläutert und empfohlen habe, ging nicht hinaus:

1. über eine Verheimlichung der Wahrheit, wenn wir es ohne Betrug tun konnten,

2. darüber, daß wir die Wahrheit nur teilweise vorbrachten, und

3. daß wir dies dem Lernenden und Fragenden in der nächstbesten Form darstellten, wenn ein solcher außerstande war, sie ganz und genau zu verstehen. Ich meine, daß zum Beispiel die Darstellung von Engeln mit Flügeln ein Beispiel für den dritten Fall der ökonomischen Methoden wäre; daß, wer die Frage: Glauben die Christen an die Dreieinigkeit? mit: Sie glauben nur an einen Gott — beantwortet, damit ein Beispiel für den zweiten Fall der Ökonomie gibt. Was den ersten Fall anbelangt, so ist es kaum mehr eine Ökonomie, sondern kommt unter das, was wir Disciplina Arcani nennen. Die zweite und dritte Methode von Ökonomie nennt Klemens Lügen, womit er sagen will, daß eine teilweise Wahrheit in gewissem Sinne eine Lüge sei, und dasselbe gilt von einer Wahrheit als Vorwand. Das ist, glaube ich, im großen und ganzen die Grundlage zu einer Anklage, die so heftig gegen mich, als einen Anwalt der Ökonomie, erhoben wurde.

In den letzten Jahren bin ich zur Ansicht gekommen, wie meiner Meinung nach im übrigen die meisten Schriftsteller, daß Klemens mehr damit meine, als ich eben darlegen konnte. Ich hielt dafür, daß er das Wort Lüge als eine Art Hyperbel gebraucht habe. Aber jetzt glaube ich, daß er gleich anderen frühen Vätern es (unter gewissen Bedingungen) für erlaubt hielt, eine Lüge zu sagen. Diese Lehre habe ich persönlich niemals aufrecht zu erhalten versucht, obwohl ich heute wie damals meine, daß diese Frage, theoretisch genommen, äußerst schwierig sei. Und daß ich das so ausspreche, ist gar nicht sehr merkwürdig, wenn wir erwägen, daß große englische Schriftsteller die Lüge in gewissen äußersten Fällen, wenn es die Rettung von Leben, Ehre, ja selbst von Eigentum gelte, schlechthin für erlaubt erklären. Und so bin ich direkt auf die Frage nach der Wahrheit gebracht und auf die Wahrhaftigkeit der katholischen Priester im allgemeinen in deren Beziehungen zur Welt (weil wichtig für den allgemeinen Entscheid über ihre Ehrlichkeit und ihren inneren Glauben an ihr religiöses Bekenntnis).

Es würde zu nichts führen, und mich zudem noch von der Linie, an die ich mich bisher streng gehalten habe, abbringen, wenn ich mich hier auf formale Erörterungen des Gegenstandes einließe. Ich will hier tun, was ich bisher getan habe: mein Zeugnis in der Sache abgeben und es dabei bewenden lassen. Zuerst will ich sagen, daß mich, als ich Katholik geworden war, nichts so unmittelbar beeindruckt hat wie die ausgesprochen englische Unbefangenheit der Priester. Es war überall so, in Oscott, in Old Hall Green, in Ushaw. Da war gar nichts von jener Glätte und Manieriertheit zu sehen, die ihnen gemeiniglich unterschoben wird; ja sie waren alle natürlicher und unaffektierter als manche anglikanischen Geistlichen. Die vielen Jahre, die seitdem verstrichen sind, haben meinen ersten Eindruck nur verstärkt. Ich habe es immer unter den Priestern dieser Diözese so gefunden; wenn ich auf einen aufrechten Engländer hinzuweisen hätte, so würde ich den Bischof anführen, der zu unserem größten Nutzen so viele Jahre hindurch unserer Diözese vorgestanden hat. Und dann war ich auch, nachdem ich mehr Gelegenheit gehabt hatte, mir ein Urteil über die Priester zu bilden, von dem einfachen Glauben an das katholische Glaubensbekenntnis und System betroffen, den sie zu jeder Zeit bezeugen und den sie niemals in irgendeinem Sinne als Last zu empfinden scheinen. Und heute, da ich seit neunzehn Jahren der Kirche angehöre, kann ich mich nicht eines einzigen Beispieles eines ungläubigen Priesters entsinnen. Natürlich kommt es von Zeit zu Zeit vor, daß welche die katholische Kirche verlassen und zu einer anderen übertreten, aber davon rede ich nicht; ich rede von solchen Fällen, da einer der Welt gegenüber den schönen Schein wahrt und im Herzen ein leerer Heuchler bleibt.

Es wundert mich, daß die Opferwilligkeit unserer Priester auf die Protestanten in dieser Hinsicht nicht mehr Eindruck macht. Was haben sie davon, daß sie sich zu einem Glauben bekennen, an den sie, wenn meinem Angreifer Glauben geschenkt werden muß, im Innersten ihres Herzens nicht glauben? Was ist ihr Lohn dafür, daß sie sich einem Leben voll von Entbehrungen und Mühen aussetzen, dem dann ein früher und elender Tod folgen muß? Das irische Fieber schnitt zwischen Liverpool und Leeds dreißig und mehr Priestern den Lebensfaden ab, es waren junge Männer in der Blüte ihrer Jahre und alte darunter, die Anspruch auf ein wenig Ruhe nach den langen Lebensmühen hatten. Ein Bischof starb daran im Norden; ja warum hat auch ein Mann seines hohen geistlichen Ranges die Plagen und Gefahren des Krankenbesuches auf sich zu nehmen, wenn nicht gerade christlicher Glaube und Liebe ihn dazu zwingen? Priester stellten Freiwillige für gefährliche Dienstleistungen. Es war nicht anders, als die Cholera, diese geheimnisvolle, schreckliche Heimsuchung, das erstemal auftrat. Wenn die Priester nicht wirklich aus ganzem Herzen an die Kirche glauben, dann, will ich behaupten, findet der Satz des Apostels hier seine vollste Erläuterung: „Wenn nur wir in diesem Leben auf Christus hoffen dürfen, sind wir von allen Menschen die unglücklichsten.“ Was vermöchte einen Haufen von Heuchlern zu stützen und aufrecht zu halten in Gegenwart eines mörderischen Leidens, jetzt da einer dem andern auf der Bahn der verlorenen Hoffnung folgt und einer nach dem andern zugrunde geht? So ist in der Hauptsache das Leben jedes Missionspriesters. Er ist in jedem Augenblick bereit, sich für seine Schar zu opfern. Tag und Nacht, gesund oder krank, bei jedem Wetter muß er heraus, wenn ein Kranker ihn braucht. Der Umstand, daß durch sein Verschulden ein Pfarrkind ohne die Sakramente sterben könnte, ist für ihn schrecklich; warum aber schrecklich, wenn er nicht den tiefen absoluten Glauben hat, der ihm diese freiwillige Dienstleistung ermöglicht? Protestanten bewundern das, wenn sie es sehen, aber sie scheinen es nicht so klar und deutlich zu sehen, daß damit die Vorstellung der Heuchelei ausgeschlossen erscheint.

Zuweilen wenn sie darüber nachdenken, kommt es dann bei ihnen zu einer Bemerkung über die wunderbare Disziplin der katholischen Priesterschaft; sie sagen dann, keine Kirche hätte einen solchen geordneten Klerus, und daß er in dieser Hinsicht den eigenen übertreffe; sie wünschen, sie könnten auch eine solche Disziplin untereinander haben. Gehört aber diese Disziplin zu den Dingen, die man kaufen kann? Hängt diese Erscheinung nur so in der Luft oder ist sie nicht die Folge einer Ursache? Sie können Hingabe nicht kaufen. „Man hat niemals davon gehört im Lande Kanaan, es ist niemals dergleichen gesehen worden in Theman. Die Kinder der Hagar, die Kaufleute von Meran, keiner von ihnen hat seinen Weg gesehen.“ Was ist das also für ein wundervoller Zauber, der da bewirkt, daß tausend Menschen alle auf ein Ziel hin handeln und diesen einen so unbedingten Gehorsam an eine Regel auferlegt, wie wenn sie alle unter einer strengen soldatischen Zucht lebten? Wie schwer ist es nicht, darauf eine Antwort zu finden, es wäre denn einfach die, daß man eben das eine zugäbe: Sie glauben eben tief an das, wozu sie sich öffentlich bekennen.

Ich kann mir nicht denken, was das nur sein könnte, das da in unserer Zeit das Vorurteil dieses protestantischen Landes gegen uns so nährt und wachhält, wenn es nicht eben die vagen Beschuldigungen sind, die aus unseren Büchern über Moraltheologie gezogen werden. Und mit einer Bemerkung über ein Buch insbesondere, welches mir mein Ankläger ins Gesicht schleudert, will ich in wenig Worten diese Betrachtungen zu Ende bringen. Der heilige Alfons von Liguori, das kann nicht geleugnet werden, behauptet, daß eine Zweideutigkeit, das heißt: ein Spiel mit Worten, in welchem der eine Sinn des Wortes für den Sprechenden, der andere für den Hörenden gilt, erlaubt sei, vorausgesetzt, daß es sich um eine gerechte Sache handle, das heißt also im äußersten Falle, und vorausgesetzt weiter, daß diese Zweideutigkeit auch mit einem Eide bekräftigt werden dürfe. Ich will hier meine Meinung so offen aussprechen, wie sich das ein Protestant nur wünschen kann, und darum gestehe ich auch sofort, daß auf diesem Gebiete der Moral, so sehr ich das Gute im italienischen Charakter bewundere, mir der englische lieber ist. Womit ich aber nichts Unehrerbietiges gegen den heiligen Alfonso selber sagen will, der die Wahrheit geliebt hat wie nur irgendein Mensch, und dessen Vermittlung ich nicht zu verlieren glaube, wenn ich in dieser Angelegenheit mich einer anderen Führung lieber anvertraue als der seinen.

Ich mache zunächst die Bemerkung: Große englische Autoren, Jeremy Taylor, Milton, Paley, Johnson, alles Männer von einer sehr bestimmten Gedankenrichtung, behaupten ausdrücklich, daß unter gewissen äußersten Umständen es erlaubt sei, zu lügen. Taylor sagt: „Lügen aus Hilfsbereitschaft, um ein Menschenleben zu retten, das Leben eines Freundes, eines Gatten, eines Prinzen, einer nützlichen öffentlichen Person, das ist nicht nur zu allen Zeiten geschehen, sondern auch von großen, weisen und guten Männern empfohlen worden. Wer würde nicht seines Vaters Leben vor Verfolgung oder Tyrannei zu retten suchen, wenn ihn das nur eine harmlose Lüge kostete?“ Milton sagt: „Welcher vernünftige Mensch wird leugnen, daß es Menschen gibt, die wir Gründe haben, belügen zu dürfen: so Knaben, Narren,

Kranke, Betrunkene, Feinde, Menschen im Irrtum, Diebe? Ich möchte fragen, in welchem Gebote eine Lüge verboten sei? Sie werden antworten: im achten. Wenn also meine Lüge meinem Nachbar keinen Schaden zufügt, dann ist sie sicherlich in diesem Gebote nicht verboten." Paley sagt: „Es gibt Unwahrheiten, die keine Lügen sind, das heißt, die nicht strafbar sind." Johnson: „Die Regel ist, daß die Wahrheit niemals verletzt werden sollte; trotzdem muß es Ausnahmen geben. Wenn zum Beispiel ein Mörder fragen sollte, welchen Weg ein Mensch gegangen ist."

Nun, ich gebrauche diese Beispiele nicht als ein argumentum ad hominem, sondern ich mache folgenden Gebrauch davon:

1. Zunächst, ich habe die bestimmten Behauptungen von Taylor, Milton, Paley, Johnson angeführt. Würde nun einer auch nur das geringste Gewicht auf diese Behauptungen legen für den Fall, daß er die persönliche Wahrhaftigkeit dieser Schriftsteller einzuschätzen hätte, wenn sie noch am Leben wären? Wenn ein Mann, einer von denen, die mit dem heiligen Alfonso so erbarmungslos sind, Paley oder Johnson morgen in Gesellschaft träfe, würde er auf ihn als auf einen Lügner herabsehen, einen Schurken, unehrlich und unglaubwürdig? Sicherlich nicht. Warum hat man nicht dasselbe Maß für katholische Priester? Wenn ein Band von Scavini, der behauptet, daß eine Zweideutigkeit in einer ge-

rechten Sache erlaubt sei, in einem Studentenzimmer zu Oscott gefunden wird, so wird nicht Scavini selber, sondern der unglückliche Student, der das, was die Protestanten ein schlechtes Buch nennen, im Besitz hat, sein Leben lang für unzuverlässig gehalten. Sind alle protestantischen Textbücher auf der Universität fleckenlos, müssen wir jedes Wort des Aristoteles oder jede Behauptung von Hay oder Burnet über die Artikel wie ein Evangelium nehmen, sind die Textbücher die letzte Autorität, oder sind sie nicht vielmehr Handbücher für den Vortragenden? Nehmen wir jetzt aber nicht den Studenten oder Professor, sondern Scavini oder den heiligen Alfonso. Ich frage da wiederum: Wenn Sie keine Bedenken tragen, Paley für einen ehrlichen Mann zu halten trotz seiner Verteidigung der Lüge, warum haben Sie Bedenken beim heiligen Alfonso? Ich bin ganz sicher, daß Sie in bezug auf Paley persönlich ohne Bedenken sind, Sie werden vielleicht nicht mit ihm übereinstimmen, aber Sie werden ihn für einen kühnen Denker halten. Warum ist Ihnen nun die Person des heiligen Alfonso und dessen Lehre so widerwärtig?

Ich werde Ihnen sagen, warum Sie keine Angst vor Paley haben: Weil Sie erklären werden, daß er in seiner Verteidigung der Lüge nur an äußerste Fälle gedacht habe. Sie werden einen Mann, von dem Sie wissen, daß er einen Einbrecher in seinem eigenen Hause niedergeschossen habe, deshalb nicht fürchten, weil Sie wissen, daß Sie selber kein Einbrecher sind. Ebenso werden Sie nicht meinen, daß Paley in Gesellschaft die Gewohnheit habe zu lügen, weil er es im Notfalle für das geringere von zwei Übeln gehalten habe, eine Lüge zu sagen. Warum ist Ihnen also ein katholischer Theologe so verdächtig, der von gewissen äußersten Fällen spricht, in denen bei einem Beichtkinde eine Zweideutigkeit nicht so behandelt werden darf, als wäre diese eine Sünde? Denn genau um das handelt es sich hier.

Und dann wieder, warum schreibt Paley, warum Jeremias Taylor ohne praktischen Anlaß eine Maxime, die Erlaubtheit der Lüge betreffend, nieder, welche die meisten Leser in Aufregung versetzen muß? Weil es sich um eine Theorie der Moral handelt und Sie jede Frage der Reihe nach behandeln müssen. Das ist genau das, was der heilige Alfonso oder Scavini tun. Versuchen Sie selber nur einmal eine Abhandlung über die Regeln der Moral, und Sie werden sehen, was für eine schwierige Sache das ist! Welches ist die Definition einer Lüge? Können Sie eine bessere geben als die einer Sünde gegen die Gerechtigkeit, wofür Paley und Taylor sie halten?! Aber wenn sie das ist, wie kann sie dann eine Sünde sein, für den Fall, daß Ihr Nachbar keinen Schaden leidet? Wenn Ihnen diese Definition nicht gefällt, nehmen Sie eine andere, vielleicht werden Sie dann damit die Zweideutigkeit des heiligen Alfonso verteidigen. Wie immer, ich lege Wert darauf, daß der heilige Alfonso ebenso wie Paley die verschiedenen Teile eines sehr umfangreichen Gegenstandes in Betracht zieht, und daß er in bezug auf die Lüge sein Urteil abgeben muß, obwohl es bei diesem Gegenstand schwierig ist, überhaupt ein Urteil, das befriedigt, zu bilden.

Und weiter: Sie müssen nicht annehmen, daß ein Philosoph oder Moralist in seinem eigenen Fall von der Freiheit Gebrauch mache, welche seine Theorie ihm gestatten würde. Ein Mensch in seiner eigenen Person ist von seinem eigenen Gewissen geführt; wenn er aber ein System von Regeln auseinandersetzt, muß er logisch vorgehen und muß seinen genauen Deduktionen von Schluß zu Schluß folgen und sich so versichern, daß das ganze System zusammenhängend und einheitlich sei. Sie selber wissen, daß sogar unmoralische oder irreligiöse Bücher von anständigen Menschen geschrieben worden seien; jüngst schrieb einer, daß die skeptischen Werke Humes David ganz und gar nicht das Bild des Mannes geben. Ein Priester kann eine Abhandlung schreiben, die wirklich lax genannt werden muß in der Behandlung der Lüge, die vom Heiligen Stuhle verurteilt werden sollte, wie in der Tat ähnliche Abhandlungen verurteilt worden sind, doch kann er in seiner eigenen Person ein Rigorist sein. Es ist in der Tat aus dem Leben des heiligen Alfonso bekannt, daß er, der als laxer Moralist verrufen ist, eines der engsten

Gewissen gehabt habe. Ja, mehr als das, er war ursprünglich beim Gericht, und gelegentlich ist er durch Zufall in einen Betrug verwickelt worden. Und das war der Anlaß, warum er seinen Beruf aufgab und das religiöse Leben antrat. Der Bericht dieser merkwürdigen Begebenheit ist in seinem Leben erzählt: „Trotzdem er sehr sorgfältig immer und immer wieder die Einzelheiten des Prozesses geprüft hatte, hatte er doch vollständig den Sinn eines Dokumentes mißverstanden, welches das Recht der Gegenpartei bewies. Der Advokat des Großherzogs bemerkte das Mißverständnis, aber er ließ Alfonso in dessen beredter Anrede fortfahren bis zu Ende, ohne ihn zu unterbrechen. Kaum hatte dieser geendet, als er sich erhob und mit schneidender Kälte sprach: „Mein Herr, der Fall ist nicht so, wie Sie annehmen. Wenn Sie den Prozeß noch einmal durchgehen und dies Papier hier eingehend studieren, werden Sie darin genau das Gegenteil von allem finden, was Sie vorgebracht haben." „Gern," antwortete Alfonso ohne Zögern, „die Entscheidung hängt von der Frage ab, ob die Lehen unter dem lombardischen Gesetz oder unter dem französischen verliehen worden waren." Das Papier wurde studiert, man fand, daß der Advokat des Großherzogs recht hatte. „Ja," sagte Alfonso, das Papier in der Hand, „ich habe unrecht, ich habe mich geirrt." Eine so unerwartete Entdeckung und die Furcht, der Unehrlichkeit geziehen zu werden, erfüllten ihn mit Niedergeschlagenheit und brachten ihn in Verwirrung, so sehr, daß es jeder sah. Umsonst, daß der Präsident Caravita, der ihn liebte und seine Reinheit kannte, ihn damit zu trösten versuchte, daß er ihm sagte, solche Mißverständnisse wären nichts Ungewöhnliches, selbst nicht unter Richtern ersten Ranges. Alfonso wollte davon nichts hören, ließ erschrocken sein Haupt sinken und sprach zu sich selber: „Welt, ich kenne dich jetzt. Ihr Gerichtshöfe, ihr werdet mich nicht mehr sehen." Er kehrte der Versammlung den Rücken und ging nach Hause, indem er ununterbrochen die Worte wiederholte: „Welt, ich kenne dich jetzt." Was ihn am meisten ärgerte, war, daß er den Prozeß einen ganzen Monat hindurch immer wieder studiert hatte, ohne diese wichtige Spur zu entdecken, und er gar nicht verstehen konnte, wie diese ihm entgehen konnte."

Und das ist derselbe Mann, der so leichtfertig für den Anwalt der Lüge erklärt wird.

Aber in Wahrheit hat der katholische Theologe Gegenstände im Auge, welche von Menschen im allgemeinen gar nicht übersehen werden. Er denkt nicht an sich selber, sondern an eine große Menge von kranken Seelen, sündigen Seelen, getrieben und hinweggerissen von der Begierde, voll des Bösen, und er sucht mit aller Kraft, diese aus ihrem erbärmlichen Zustand herauszureißen, und um sie vor noch verruchteren Sünden zu retten, versucht er, ganz so weit, wie sein Gewissen ihm zu gehen erlaubt, seine Augen vor solchen Sünden zuzudrücken, die, wenn auch Sünden, doch in Art und Ausmaß leichter sind. Er weiß sehr wohl, daß, wenn er so genau ist, wie er es sein möchte, er mit den meisten Menschen gar nichts anzufangen vermöchte, und darum ist er mit ihnen so nachsichtig wie nur möglich. Man soll nur nicht für einen Augenblick annehmen, daß ich der Maxime huldige, daß man Böses um des Guten willen tue; aber abseits davon gibt es eine Art, Menschen von größeren, schrecklicheren Sünden zu bewahren, indem man kleinere oder bloße Unzukömmlichkeiten oder Fehler nachsieht; und das ist der Schlüssel zu der Schwierigkeit, die katholische Bücher der Moraltheologie so oft den Protestanten verursachen. Sie sind für den Beichtvater da, und Protestanten sehen sie an, als wären sie für den Prediger.

2. Ich bemerke noch zu Taylor, Milton und Paley folgendes: Was würde mir ein protestantischer Geistlicher antworten, wenn ich ihn der Lehre ziehe, daß eine Lüge erlaubt sei, und ihm auf seine Bitte um einen Beweis zur Antwort gäbe: Taylor und Milton haben es so gelehrt? Würde er nicht sehr scharf erwidern: Ich werde durch Taylor und Milton nicht gebunden, und wenn ich darauf bestände, daß Taylor eine seiner größten Autoritäten sei, mir antworten, daß Taylor ein großer Schriftsteller sei, aber daß große Schriftsteller darum nicht unfehlbar seien. Das ist ungefähr das, was ich antworte, wenn

ich in dieser Sache für einen Schüler des heiligen Alfonso angesehen werde.

Ich gestehe ganz offen und ohne Reserve, daß ich diesem heiligen und liebevollen Manne in diesem Teile seiner Lehre durchaus nicht folge. Es gibt verschiedene Schulen in dieser Meinung in der Kirche: Hier folge ich anderen: ich folge Kardinal Gerdil, Natalis Alexander und dem heiligen Augustinus. Ich will eine Stelle aus Natalis Alexander zitieren: „Die lügen sicherlich, die die Worte des Schwures gebrauchen, ohne schwören oder sich binden zu wollen; oder die Mentalreservationen und Zweideutigkeiten in Eiden gebrauchen, indem sie mit Worten das bezeichnen, was sie nicht im Sinn haben, entgegengesetzt dem Zweck, wofür ihnen die Sprache gegeben ward als Zeichen von Ideen. Oder sie meinen etwas anderes, als was die Worte an sich und der gemeine Sprachgebrauch bezeichnen würden." Nehmen Sie ein Beispiel! Ich glaube nicht, daß ein einziger Priester auch nur im Traum damit, daß er sagt: „Er ist nicht hier", ausdrücken wollte: Er ist nicht in meiner Tasche oder unter meinem Schuh. Noch würde irgendeine Erwägung mich selber so reden lassen; ich glaube auch nicht, daß der heilige Alfonso sich so ausgedrückt haben würde. Und er würde genau so von Taylor und Paley verletzt sein, wie die Protestanten von ihm.

Wenn Protestanten nun wirklich wissen wollen, was unsere wirkliche Lehre ist, die Lüge nicht weniger als andere Gegenstände betreffend, so sollen sie nicht in unsere Bücher der Kasuistik blicken. Werke der Pathologie geben nicht den besten Einblick in die Harmonie der menschlichen Gestalt. Und wie mit dem Körper, so ist es auch mit dem Geist. Der Katechismus des Konzils von Trient war mit der bestimmten Absicht verfaßt worden, die Prediger mit Stoff für ihre Predigten zu versehen, und da nun einmal mein ganzes Werk eine Verteidigung meiner selbst ist, so möchte ich hier noch sagen, daß ich selten eine Predigt halte, ohne daß ich diesen schönen und vollständigen Katechismus aufschlage, um dort mir den Gegenstand und die Doktrin zu holen. Darin finden wir folgende Anmerkungen über die Pflicht der Wahrhaftigkeit:

„‚Du sollst kein falsches Zeugnis leisten.' Die Aufmerksamkeit soll auf die beiden Gesetze in diesem Gebot gelenkt werden: auf das eine, welches falsches Zeugnis verbietet, und auf das andere, welches uns gebietet, indem wir alle Vorwände und jeden Hinterhalt beiseite schieben, unsere Worte und unsere Taten an der einfachen Wahrheit messen, wie die Apostel die Epheser an jene Pflicht mit folgenden Worten ermahnt haben: ‚Indem wir der Wahrheit in Liebe folgen, lasset uns wachsen in Ihm in allen Dingen.'"

„Durch eine Lüge zum Scherz oder um eines Komplimentes willen täuschen, ist, wenn auch niemandem daraus ein Schaden oder ein Gewinn erwächst, trotzdem unwürdig, denn der Apostel ermahnt uns: Tut alles Lügen beiseite! Sprecht die Wahrheit! Denn es ist darin eine große Gefahr, daß man leicht in häufigeres und gefährlicheres Lügen verfalle, und von Scherzlügen gewinnen Menschen schnell die Gewohnheit, überhaupt zu lügen und von da weiter den Charakter der Unwahrhaftigkeit. Und damit ihre Worte wiederum Glauben finden, halten sie es für notwendig, zu schwören."

„Nichts ist notwendiger als die Wahrheit des Zeugnisses in solchen Dingen, welche wir weder selber wissen noch auch erlaubterweise nicht wissen, worüber die Maxime des heiligen Augustinus gilt: Wer eine Wahrheit verbirgt, und wer eine Lüge vorbringt, beide sind schuldig, der eine, weil er nicht willens ist, einen Dienst zu leisten, der andere, weil er den Wunsch hat, Böses zuzufügen."

„Es ist zu Zeiten erlaubt, die Wahrheit zurückzuhalten, aber nicht vor Gericht, denn wenn vor Gericht der Zeuge vom Richter dem Gesetz entsprechend gefragt wird, so muß die ganze Wahrheit vorgebracht werden."

„Zeugen müssen sich trotzdem hüten, daß sie nicht infolge ihres allzu großen Vertrauens in ihr Gedächtnis das für sicher ausgeben, was sie noch nicht geprüft haben."

„Damit der Gläubige mit um so größerem Nutzen die Sünde des Lügens vermeide, soll der Pfarrer ihm das äußerste Elend und die Schädlichkeit der Sünde vorhalten. Denn in der Heiligen Schrift wird der Teufel der Vater der Lüge genannt. Und nur darum, weil er nicht in der Wahrheit verblieb, ist er ein Lügner und der Vater der Lüge. Er soll, um die Menschen von einer so großen Sünde zu retten, alle die Übel hinzufügen, die auf die Lüge folgen, und weil diese unzählig sind, so wird er zum mindesten die Quellen und Titel dieser Übeltaten und Unseligkeiten auseinanderhalten:

1. Wie groß Gottes Mißfallen an dem und wie groß sein Haß gegen den Menschen ist, der unaufrichtig und ein Lügner ist.

2. Was dafür bürgt, daß ein Mensch, der also von Gott gehaßt ist, nicht von den schwersten Strafen heimgesucht werden könnte?

3. Was ist so unrein und faul, nach dem Worte des heiligen Jakob, wie eine Quelle, die im selben Strom süßes und bitteres Wasser ausgießt!

4. Die Zunge, die eben jetzt Gott gepriesen hat, entehrt Ihn, soweit es in ihr liegt, durch Lügen.

5. Infolgedessen sind Lügner ausgeschlossen vom Besitz der himmlischen Seligkeit.

6. Und das ist das ärgste Übel beim Lügen, daß diese Krankheit des Geistes meistens unheilbar ist."

„Und dann ist noch dieser sehr große Schaden, der alle Menschen betrifft, daß durch Unaufrichtigkeit und Lüge Glaube und Wahrheit verloren gehen, die da die stärksten Bande der menschlichen Gesellschaft sind, und wenn sie verloren sind, so folgt äußerste Verwirrung im Leben, so daß Menschen sich in nichts mehr von Teufeln zu unterscheiden scheinen."

„Endlich soll der Pfarrer jene zurechtweisen, die ihre Unaufrichtigkeit entschuldigen und das Beispiel von weisen Männern anführen, dié, wie sie sagen, auch gelegentlich zu lügen pflegten. Er wird ihnen sagen, was die Wahrheit ist, daß nämlich die Weisheit des Fleisches der Tod sei, er wird seine Hörer ermahnen, auf Gott zu vertrauen, wenn sie in Schwierigkeiten und in der Enge sind, und nicht zu dem Mittel einer Lüge Zuflucht zu nehmen."

„Diejenigen, welche ihre Lüge denen zuschieben, von denen sie selber mit einer Lüge betrogen worden sind, sollen belehrt werden, daß Menschen keine Rache nehmen und nicht Böses mit Bösem vergelten sollen."

Es gibt noch viel im Katechismus in diesem Sinne, und durch ihn sind wir alle gebunden, während die Entscheidung eines einzelnen Autors in Sachen der Moral von niemand hingenommen zu werden braucht.

Noch an eine andere Autorität wende ich mich in dieser Sache, die meine Aufmerksamkeit in einer besonderen Weise verlangt, denn es sind die Worte eines Vaters. Sie werden mir helfen, meine Arbeit zu beschließen.

„Der heilige Philipp", sagt der römische Oratorianer, der sein Leben beschrieb, „hatte ein besonderes Mißfallen an jeder Art von Affektiertheit bei sich und bei anderen, im Sprechen, in der Kleidung und in allem.

Er vermied alle Zeremonien, die nach weltlichem Entgegenkommen schmeckten, und erwies sich stets als einer, der auf christliche Einfachheit in allen Dingen hielt, so daß er, wenn er es mit Männern von weltlicher Klugheit zu tun hatte, sich diesen nicht gleich anpassen konnte.

Und er vermied es soviel wie möglich, etwas mit zweigesichtigen Menschen zu tun zu haben, die nicht einfach und geradeaus waren in allem, was sie unternahmen.

Was die Lügner anbelangt, so konnte er sie nicht ertragen, und er ermahnte ohne Unterlaß seine geistlichen Kinder, diese wie die Pest zu meiden."

Das sind die Prinzipien, auf Grund deren ich gehandelt habe, bevor ich Katholik wurde; und dies sind die Prinzipien, die, so hoffe ich, mein Halt und meine Führung sein werden bis zum Ende.

---

Printed by Books on Demand GmbH, Norderstedt / Germany